ΣBEST
シグマベスト

これでわかる 中学 国文法

JN000582

文英堂

本書の特色と使い方

参考書部分で理解を深め、文法の基本がわかったら、すぐに問題集部分で練習ができるので、効率よく勉強ができます。
1つの単元は、〈要点・関連知識解説〉と〈必修問題とその解き方〉が2ページずつの見開き構成になっているので、たいへん勉強しやすくなっています。
学校のテスト範囲や入試に合わせた〈チェックテスト〉と〈ファイナルチェック〉もあるので、テストの対策はバッチリです。

\ 参考書と問題集がこれ一冊で！/

参考書部分

要点解説

学校で習う文法の基礎《きそ》知識《ちしき》を、わかりやすくまとめて解説しました。毎日の予習・復習や、テスト直前の勉強などに、繰《く》り返し利用しましょう。

関連知識解説

一度読んだだけでは理解しにくい事柄《ことがら》や、間違《まちが》えやすいところを取り上げ、解説しました。

アドバイス……疑問に思いがちな内容の、丁寧《ていねい》な解説です。

もっとくわしく……一歩踏《ふ》み込《こ》んだ内容の、くわしい解説です。

ここに注意……間違えやすいところの解説です。

用語……重要な言葉や難しい言葉の解説です。

×

問題集部分

必修問題……必ず理解しておかなければならない基本問題から、実力をのばす応用問題までが含《ふく》まれています。完全にできるようになるまでがんばりましょう。

これでわかるコーチ……「必修問題」について、考え方やポイント・注意すべきところはどこかなどを解説しました。Q&A形式の説明もあります。

チェックテスト……各章の終わりに、定期テストによく出るチェックテストを載《の》せました。各問題に配点をつけてありますので、実際のテストを受けるつもりで解いてください。70点以上を目標にがんばりましょう。

ファイナルチェック……実際の高校入試問題から良問を集めました。文法学習の総仕上げとして実力を試してみましょう。

もくじ

単元ごとに ✎ 必修問題 が入ります。
〈別冊解答・解説つき〉

1 文・文節・単語

2 活用のない自立語

3 用言

4 助詞

5 助動詞

6 敬語

7 入試問題にチャレンジ

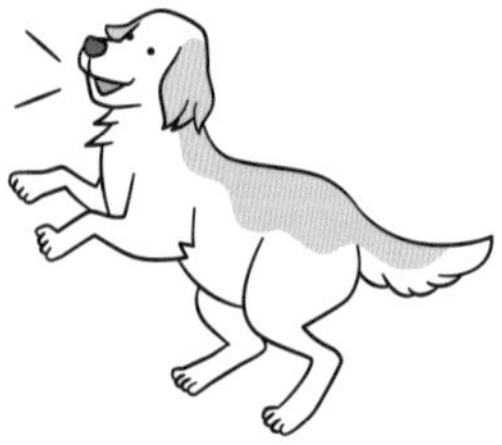

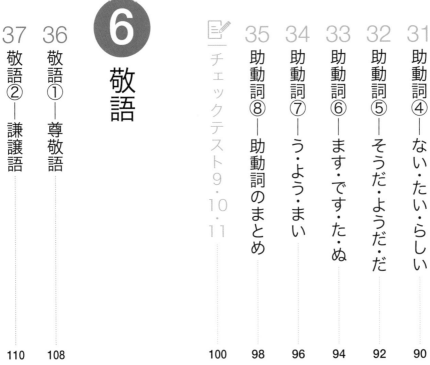

1

文・文節・単語

言葉はいろいろな働きを持つ小さな単位に分けられる。
それらが互《たが》いに関わり合って文を組み立てている。

1 言葉の単位

言葉の単位 ―― 言葉の単位を整理すると、大きい順に**文章→段落→文→文節→単語**となる。

単位	意味説明
文章	一つのまとまった内容を表したもの全体。言葉の最も大きな単位。
段落	文章を、まとまった内容ごとに区切ったもの。
文	句点から句点までの一続きの言葉。言葉の最も基本的な単位。
文節	意味や発音のうえで不自然にならずに、できるだけ短く文を区切った一区切り。
単語	文節を、言葉の意味を壊《こわ》さずに区切った最小の単位。

文章

この峠《とうげ》を越《こ》せば
光が見える。
さあ
もう目前だよ。

一つ

文

この峠を越せば
光が見える。
さあ
もう目前だよ。

二つ

文節

この　峠を　越せば
光が　見える　。
さあ
もう　目前だよ　。

八つ

単語

この　峠　を　越せ　ば
光　が　見える　。
さあ
もう　目前　だ　よ　。

十三こ

アドバイス

▼**文と文章**　普段《ふだん》、私たちは「文」と「文章」とを区別せずに使っている。日常生活ではそれでいいのだが、文法を扱《あつか》う場合はそれではまずい。上段に示したように、厳密に区別する必要があるわけだ。

文法が難しいと言われる理由の一つにこの厳密さがある。その用語がどういう意味で使われているのかをしっかり押《お》さえていこう。

ここに注意

▼**文の終わり方**　文の終わりには、普通「。」(句点)がくる。ただし、ときには「!」や「?」で終わることもある。

例　**それは真実だ!**
どうしたの?

▼**文の長さ**　文の長さは、長短さまざまだ。何行も続くものもあれば、一単語だけからなるものもある。

例　**火事。(↓一単語かつ一文節かつ一文)**

必修問題

❶ 《文》次の文章は、いくつの文からできていますか。句点をつけて答えなさい。

男は口数が少なかった孤独《こどく》な生活のゆえであろうしかしいかにも己《おのれ》を知って落ち着いているという感じがしたこの何もない土地にこういう人がいるとは思いがけないことである

❷ 《文節》次の各文を、文節に区切りなさい。

① 私の母の名前は、サチコです。
② ぼくは以前、ハムスターを飼っていました。
③ もし雨でも降れば、計画を大幅《おおはば》に変更《へんこう》する。
④ 菜の花が春の風に揺《ゆ》れている。
⑤ 事件は、突然《とつぜん》、何の前ぶれもなく起こった。

❸ 《単語》次の各文を、単語に区切りなさい。

① その病院は坂の上にある。
② 彼女《かのじょ》は、勉強も運動もよくできる。
③ この鳥は、とてもきれいな声で鳴く。
④ 来週、妹の結婚式《けっこんしき》がある。
⑤ 砂浜《すなはま》で美しい貝がらを拾った。

これでわかるコーチ

❶ **文の切れめを探す**には、一つのまとまった内容のもので、**最後が言い切りの形**になっているところを見つければよい。また、「すると」「しかし」「だから」などの接続詞（→p.32参照）は、文の初めにくることが多いので、ヒントになる。

❷ **文節に区切る**には、「ネ」や「サ」を入れられるところを見つける。

ポイント
文節の切れめ＝「ネ」や「サ」を入れて不自然にならないところ。

②「飼っていましたネ」ではなく、「飼ってネいましたネ」と二つに区切る。同じように、④「揺れている」も「揺れてネいるネ」と二つに区切る。

④「菜の花が」は「菜のネ花がネ」としてもよさそうだが、「菜の花」で**一つの物の名前なので、途中《とちゅう》で切ってはいけない**。「春の風に」は、「風（に）」を「春の」が説明している、と考えて二文節とする。

ポイント
一つの物の名前は途中で区切ってはいけない。

❸ **単語に分ける**場合、**付属語（助詞・助動詞）**（→p.17参照）**を見分けることが重要**になる。例えば、①「その」、③「この」の「の」は、区切ることはできないが、①「坂の」、④「妹の」の「の」は、「の」一字で一単語（助詞）になる。

答え

❶ 四つ（男は～少なかった。孤独な～あろう。しかし～感じがした。この～である。）

❷ ①私の／母の／名前は、／サチコです。②ぼくは／以前、／ハムスターを／飼って／いました。③もし／雨でも／降れば、／計画を／大幅に／変更する。④菜の花が／春の／風に／揺れて／いる。⑤事件は、／突然、／何の／前ぶれも／なく／起こった。

❸ ①その｜病院｜は｜坂｜の｜上｜に｜ある。②彼女｜は、｜勉強｜も｜運動｜も｜よく｜できる。③この｜鳥｜は、｜とても｜きれいな｜声｜で｜鳴く。④来週、｜妹｜の｜結婚式｜が｜ある。⑤砂浜｜で｜美しい｜貝がら｜を｜拾っ｜た。

2 文節相互の関係①

文節の働き ―― 文節は、いろいろな関係でお互いに結びついて文を組み立てる。

文節の相互《そうご》の関係には**六種類**ある。その中から、この章で二つ、次の章で四つ取り上げる。

主・述の関係 ―― 「何(だれ)が」にあたる文節を**主語**、主語の動作などを述べる文節を**述語**という。これらの関係を**主・述の関係**という。

1 「何(だれ)が――どうする」……例 星が 輝《かがや》く。
2 「何(だれ)が――どんなだ」……例 星が きれいだ。
3 「何(だれ)が――何だ」……例 星が 目じるしだ。
4 「何(だれ)が――ある・いる・ない」……例 星が ない。

(══が主語・〰〰が述語《じゅつご》)

修飾・被修飾の関係 ―― あとの文節をくわしく説明する文節を**修飾語**、修飾される文節を**被修飾語**という。これらの文節の関係を**修飾・被修飾の関係**という。

1 「何を――どうする」……例 小説を 読む。
2 「どのように――どうする」……例 ゆっくり 歩く。
3 「どのくらい――どんなだ」……例 とても 美しい。
4 「どんな――何だ」……例 暖かい お正月だ。
5 「何の――何だ」……例 学校の 時計台だ。

(══が修飾語《しゅうしょくご》・〰〰が被《ひ》修飾語)

もっとくわしく

▼**さまざまな主語** 主語には「―が」となる文節のほかに、次のようなものもある。

例 私は 元気です。
彼《かれ》も 元気です。
雪さえ 降り出した。
虫だって 生きている。

アドバイス

▼**修飾語の役割** 修飾とは、「かざる」という意味だが、この意味にこだわると、修飾・被修飾の関係がとらえにくいことがある。上の例文では、それぞれ「小説を」「ゆっくり」「とても」「暖かい」「学校の」が修飾語であるが、かざるというより、くわしく説明していると考えた方がいい。

用語

▼**連用修飾語と連体修飾語** 修飾語には、用言(動詞・形容詞・形容動詞→p.16参照)の文節をくわしく説明する**連用修飾語**と、体言(名詞→p.16参照)の文節をくわしく説明する**連体修飾語**とがある。

必修問題

1 **《主語・述語》次の各文中から、主語の文節と述語の文節をそれぞれ抜《ぬ》き出しなさい。**

① 母は今台所にいる。
② 兄の決意は固かった。
③ 理想の職業はアナウンサーだ。
④ 七色の虹《にじ》が大空を彩《いろど》る。

2 **《主語の判別》次の各文中の——線部の文節は、主語と修飾語のどちらか、答えなさい。**

① そんなことは子どもでも知っている。
② 彼は決められた手順すらきちんと守らない。
③ 冬休みはスキーに行こう。
④ 父だってよく説明すればわかってくれるだろう。

3 **《修飾語》次の各文中から修飾語をすべて抜き出し、またその被修飾語も答えなさい。**

① 彼は本を閉じた。
② 公園の桜が一斉《いっせい》に開いた。
③ 赤い絵の具が少し足りない。
④ 船はしだいに加速した。

これでわかるコーチ

1 **述語**は、たいてい**文末**にあるので見つけやすい。そして、次にその**述語**に対応する**主語を探す**という手順をとる。例えば、①では文末の文節の「いる」が述語だとわかるだろう。そこで、「いる」のは、「何(だれ)が」かを探すと、「母は」が主語だとわかる、というように考えるわけである。

ポイント
主・述の関係では、まず述語を見つける。

2 **主語は、「が」のついた「—が」という形が多いが、これ以外の形をとることもあるので注意しよう。**「何(だれ)」についてのことかを示しているのが主語であるから、「が」に限らず「は」「も」「さえ」「すら」「でも」などの**語が下についても主語**になることができるのである。主語かどうかを判別するには、次のことを覚えておくとよい。

ポイント
「は」「も」「さえ」「すら」などを「が」に置きかえて、述語とうまくつながれば、その文節は主語。

例えば①の問題文を「子どもが知っている」としても文はつながるが、②の問題文を「手順がきちんと守らない」とするとおかしな文になる。だから①の文節は主語だが、②の文節は主語ではないとわかる。

3 まず主語・述語を見つける。それから、主語や述語を修飾している(くわしく説明している)文節はどれかを考えるとよい。

答え

1 ①主語＝母は　述語＝いる　②主語＝決意は　述語＝固かった　③主語＝職業は　述語＝アナウンサーだ　④主語＝虹が　述語＝彩る　**2** ①主語　②修飾語　③修飾語　④主語　**3** ①本を—閉じた　②公園の—桜が／一斉に—開いた　③赤い—絵の具が／少し—足りない　④しだいに—加速した

3 文節相互の関係②

並立の関係 ―― 二つ以上の文節が対等の資格で並んでいる関係を、**並立の関係**という。

例　上野さんと　山本さんが　見舞《みま》いに　来ました。　海は　広くて　大きい。

補助の関係 ―― おもな意味をもつ上の文節に、下の文節が補助的な意味を添えている関係を、**補助の関係**という。

例　子どもが　遊んで　いる。　ちょっと　調べて　みる。

接続語 ―― 前の文や文節の内容を、あとの部分につなぐ働きをする文節を**接続語**という。接続語とそれを受ける文節との関係を、**接続の関係**という。

例　雨だ。　しかし、　出発しよう。　雨だが、　出発しよう。

独立語 ―― ほかの文節との関係が薄く、独立性の強い文節を**独立語**という。独立語は、感動・呼びかけ・応答や、事柄の提示などを表す。**独立の関係**ともいう。

例　ああ、　いい天気だ。　もしもし、　山田《やまだ》さんですか。　はい、　私が山下《やました》です。

もっとくわしく

▼**補助《ほじょ》する語とされる語**　補助の関係は、下の文節が補助し、上の文節が補助される。修飾《しゅうしょく》し、修飾される場合とは順序が逆なので注意しよう。

例　遊んで　いる　　飛んで　きた

補助の関係になれる語には、次のようなものがある（→p.52上段・p.54下段参照）。

例　とがって　いる　　捨てて　しまう
しまって　おく　　走って　くる
ふけて　ゆく　　聞いて　みる
教えて　やる　　本で　ある
起きて　ない　　食べて　ほしい

ここに注意

▼**二種類の接続語《せつぞくご》**　接続語には、次のAのように、接続詞（→p.32参照）が接続語となる場合と、Bのように、接続助詞（→p.70参照）がついて接続語となる場合がある。

例　A　寒かった。だから、行かなかった。
B　寒かったので、行かなかった。

必修問題

1 《並立の関係》**次の各文中から、並立の関係にある二文節を抜《ぬ》き出しなさい。**

① 彼《かれ》は建築家でデザイナーだ。
② 海や山にはたくさんの生き物がいる。
③ このいちごは甘《あま》くておいしい。
④ 教科書とノートを持ってきなさい。

2 《補助の関係》**次の各文中から、補助の関係にある二文節を抜き出しなさい。**

① 新発売のお菓子《かし》を食べてみた。
② 美しい花が咲《さ》いている。
③ 彼は重大なミスを犯《おか》してしまった。
④ ここにしまっておいた手紙がない。

3 《接続語・独立語《どくりつご》》**次の各文中から、接続語または独立語を抜き出しなさい。**

① 素敵《すてき》だが、私には似合わない。
② まあ、なんて美しい夕焼けでしょう。
③ 約束の時間は過ぎた。しかし、彼は来ない。
④ 東京、それは日本の首都だ。

これでわかるコーチ

1 **並立の関係を見抜く**には、**二つの文節の位置を入れかえられるかどうか**で確かめるとよい。例えば、①では、「彼はデザイナーで建築家だ」としても文の意味は変わらない。だから、この二文節は並立の関係となる。

ポイント **並立の関係にある二文節は、入れかえても文の意味は変わらない。**

ただし、それぞれの単語の下にほかの単語がついている場合は、それを変えて文節を入れかえる。ここでは、「建築家で」→「建築家だ」、「デザイナーだ」→「デザイナーで」となる。

なお、①で、うっかり「建築家」「デザイナー」と単語だけで答えたら誤りとなる。この問題は、文節単位で答えるものだから、「建築家で」「デザイナーだ」と答えなければならない。

ポイント **文節で答える**場合 ──→ **下についている単語を忘れない。**

2 **補助の関係にある二つの文節**では、**下の文節**は「居る」や「見る」という本来の意味を失って上の文節に付属し、**補助的な意味を添《そ》えているだけ**なのだ、ということを覚えておこう。その二つの文節が一まとまりとなって、ほかの文節と結びついているのである。

3 **接続語**のうち、①の「素敵だが」のように、**接続助詞がついてあとの文に続いているもの**に注意しよう。④の「東京」は**事柄《ことがら》の提示を表す独立語**。

答え

1 ①建築家で　デザイナーだ　②海や　山には　③甘くて　おいしい　④教科書と　ノートを
2 ①食べて　みた　②咲いて　いる　③犯して　しまった　④しまって　おいた
3 ①素敵だが（接続語）　②まあ（独立語）　③しかし（接続語）　④東京（独立語）

4 文の成分

文の成分

—— 意味のまとまりによってとらえた、文を直接的に組み立てている要素を**文の成分**という。次の五種類がある。

	例	
1 **主語《しゅご》(部《ぶ》)**	例 空が きれいだ。	真っ青な 空が きれいだ。
2 **述語《じゅつご》(部《ぶ》)**	例 赤《あか》ん坊《ぼう》が 泣く。	赤ん坊が 泣いて いる。
3 **修飾語《しゅうしょくご》(部《ぶ》)**	例 月が きれいに 見えた。	月が とても きれいに 見えた。
4 **接続語《せつぞくご》(部《ぶ》)**	例 晴れたので、夕日が美しい。	空が 晴れたので、夕日が美しい。
5 **独立語《どくりつご》(部《ぶ》)**	例 お母さん、長生きしてね。	やさしい お母さん、長生きしてね。

連文節

—— 二つ以上の文節が結びついて、一つの文の成分となるものを**連文節**という。右の下段の例文の▒部は連文節である。また、次の場合は、必ず連文節をつくる。

1 並立《へいりつ》の関係にある二文節

例 海も 空も(主部) きれいだ。　会場は 笑顔《えがお》と 感動に(修飾部) 包まれた。

2 補助の関係にある二文節

例 星が 輝《かがや》いて いる(述部)。　置いて あったので(接続部)、ちょっと 借りた。

アドバイス

▼文の成分の並ぶ順序

① 主語(部)や修飾語(部)は、述語(部)より前。

② 述語(部)は文の終わり。

③ 接続語(部)や独立語(部)は、文の初めが多い。

なお、表現の効果をあげたり、相手の注意をひいたりするために、**文の成分の順序を入れかえる**ことを倒置《とうち》という。

もっとくわしく

▼文の成分のよび方　文の成分のよび方には、二つの考え方・立場がある。

① 「文の成分」が一文節からなるものは「〜語」、**二文節以上からなるもの(連文節)は、「〜部」とよぶ。**本書はこの立場をとる。

② 「文の成分」はすべて「〜部」とよぶ。一文節からなるものでも「〜部」となる。なお、「〜語」は文節の関係を表すときに用いる。

①の場合

花が(主語) 咲《さ》いた(述語)。

赤い 花が(主部) とても きれいに(修飾部) 咲いた(述語)。

②の場合

花が(主部) 咲いた(述部)。

赤い 花が(主部) とても きれいに(修飾部) 咲いた(述部)。

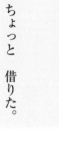

必修問題

❶《意味のまとまり》次の各文を、例にならって意味のまとまりに分けなさい。

例 山の木々が(何が)　美しく(どのように)　色付いている。(どうする)

① 私の父が、昨日学校にやってきた。
② 彼女《かのじょ》は、そのプレゼントを大事にしまっている。
③ 友達と話すことが、私の楽しみです。

❷《文の成分》次の各文中の――線部は、それぞれ文の成分として何にあたるか答えなさい。

① 彼《かれ》はガラスを割ったので先生に怒《おこ》られた。
② チーズケーキを頼《たの》んだのは、私です。
③ 初めてその絵を見たときは、美しさに驚《おどろ》いた。
④ テラスに白いテーブルが置かれている。

❸《並立の関係・補助の関係》次の各文中から、並立、または補助の関係にある部分を抜《ぬ》き出し、文の成分として何にあたるか答えなさい。

① 夜も更《ふ》けたのに、彼はまだ勉強している。
② トマトもキャベツも家でとれた。
③ 私は、彼女に石けんとタオルを借りた。

これでわかるコーチ

❶ まず、**「どうする」「どんなだ」「何だ」にあたるまとまりを見つけよう**。たいてい文末にあるので見つけやすい。次に、**「何(だれ)が」にあたるまとまりを見つけよう**。最後に、残った部分が、「どのように」「いつ」「だれと」「どこに」「何を」などのどれにあたるかを考えよう。また、意味のまとまりには、①の「昨日」のように短いものもあれば、③の「友達と話すことが」のように長いものもあるので、長さにこだわらずに意味から考えることが大切である。

❷ **文の成分**には**五種類**あり、それらは次に示すような意味のまとまりである。

ポイント
- **主語(部)**……「何(だれ)が」
- **述語(部)**……「どうする」「どんなだ」「何だ」
- **修飾語(部)**……「いつ」「どこで」「どのように」など、述語(部)をくわしく説明する
- **接続語(部)**……あとの部分に対して、理由や条件などを示す
- **独立語(部)**……ほかの文の成分から独立して、呼びかけ・応答・感動や事柄《ことがら》の提示などを表す

③のように、「～は」という形になっているものを主語(部)と誤りやすい。「驚いた」のはだれなのかを考える。ここでは主語(部)が省略されている。

❸ **並立や補助の関係は必ず連文節になる**ので、セットになる二文節を見つける。

答え

❶ ①私の父が(だれが)　昨日(いつ)　学校に(どこに)　やってきた(どうする)　②彼女は(だれが)　そのプレゼントを(何を)　大事に(どのように)　しまっている(どうする)　③友達と話すことが(何が)　私の楽しみです(何だ)
❷ ①接続部　②主部　③修飾部　④述部
❸ ①勉強している(述部)　②トマトもキャベツも(主部)　③石けんとタオルを(修飾部)

5 文の組み立て

複雑な文の組み立て

——文の成分が長い連文節からなるものや、修飾部が多くあるものを取り上げてみよう。

1 主部が長い連文節からなる文

例 高く そびえる アルプスの 峰々《みね》が、（主部） 夕日に（修飾語《しゅうしょくご》） 染まって いった。（述部）

「↑主部が四文節からなる。」

2 修飾語(部)が多くある文

例 彼は、（主語） その 夕方（修飾部） ゆっくりした 足どりで（修飾部） 一人（修飾語） さびしげに（修飾語） 学校に（修飾語） 向かった。（述語）

「↑修飾語(部)が五つある。」

3 述部が長い連文節からなる文

例 彼が（主語） みんなに 推薦されて 会長に なった 山本さんです。（述部）

4 独立部が長い連文節からなる文

例 右手に 小さく 見える 山、（独立部） あれが（主語） 富士山です。（述語）

5 接続部が長い連文節からなる文

例 津波《つなみ》への 備えが 十分に あれば、（接続部） きっと（修飾語） 安全であろう。（述語）

（各文の左の ↓⋎線は、文節の関係を示している。）

ここに注意

▼**連体修飾語(部)は文の成分にならない** 文の成分となる修飾語(部)はすべて連用修飾の場合である。「連体修飾語(部)」は、被《ひ》修飾語とセットになり、一つの文の成分となる。次の例でいえば、「有名な」だけでは文の成分とはならないのである。

例 ○ 彼は（主語） 有名な詩人です。（述部）
× 彼は（主語） 有名な（修飾語） 詩人です。（述語）

もっとくわしく

▼**文の構造上の種類** 文は、主・述の関係を基準にした構造の点から、次の三つに分けられる。

① 単文《たんぶん》……主・述の関係が一回だけ成り立っている。

例 あの人は、立派な紳士《しんし》です。

② 重文《じゅうぶん》……主・述の関係が二回以上あり、それらが並立《へいりつ》している。

例 花は咲《さ》き、鳥は鳴く。

③ 複文《ふくぶん》……主・述の関係が二回以上あり、ひと組の主・述の関係が、ある文の成分に含《ふく》まれる。

例 私が見たのは、この男です。

必修問題

1 《文の組み立て》**次の各文の組み立てを示した文図の（　）にあてはまる言葉を入れなさい。**

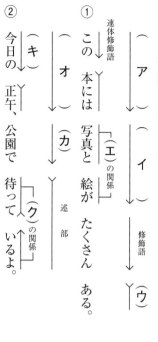

（ア）→（イ）→ 修飾語 →（ウ）

① この 本には 写真と 絵が たくさん ある。

連体修飾語　（エ）の関係　（オ）（カ）　述部

② 今日の 正午、公園で 待って いるよ。

（キ）　（ク）の関係

2 《文の組み立て》**次の各文の文の成分を、右の文図にならって示しなさい。**

① あそこにいる人は、有名な女優です。

② 九月十六日、それは大切な記念日です。

③ 暗くなったのに、まだ遊んでいるようだ。

④ 私たちは楽しくておもしろい物語を聞きました。

3 《文の種類》**次の各文は、単文・重文・複文のどれか答えなさい。**

① 私は、夕日が水平線に沈《しず》むのを見た。

② 私は明日北海道へ旅立ちます。

③ 私が歌を歌い、彼《かれ》がギターを弾《ひ》いた。

これでわかるコーチ

1 ア・イ・ウ・オ・カは**文の成分**、エ・キ・クは**文節相互《そうご》の関係**を答える。①のアは「どこに」を表し、述語をくわしく説明している部分である。エの「写真と」と「絵が」は、位置を入れかえても意味が変わらないので、並立の関係にあることがわかる。②のオは、一見独立部のようにもみえるが、「今日の正午(に)」という意味で、「いつ」を表す修飾部となる。

2 **文の成分を見分けるには、まず述語(部)にあたる部分を見つけ、それから主語(部)にあたる部分を見つける。**修飾語(部)・独立語(部)・接続語(部)は残りの部分から見つけるとよい。①「有名な」や②「大切な」などの**連体修飾語は、必ず文の成分の一部になる**ことに気をつける。

3 ①は修飾部の「夕日が水平線に沈むのを」の中に、主語「夕日が」と述語「沈む」が含まれている文である。③は「私が」「歌い」、「彼が」「弾いた」という二組の主・述の関係が並立になっている文である。

答え

1 ア修飾部　イ主部　ウ述語　エ並立(の関係)　オ修飾部　カ修飾語　キ連体修飾語　ク補助(の関係)

2
① あそこに いる 人は、（主部）　有名な 女優です。（述部）
② 九月十六日、（独立語）　それは（主語）　大切な 記念日です。（述部）
③ 暗く なったのに、（接続部）　まだ（修飾語）　遊んで いるようだ。（述部）
④ 私たちは（主語）　楽しくて おもしろい 物語を（修飾部）　聞きました。（述語）

3 ①複文　②単文　③重文

6 単語の種類

品詞 —— 単語は、次に示すような基準によって十種類に分類することができる。これらを品詞という。

1 **自立語《じりつご》か付属語《ふぞくご》か。**
2 **活用するかしないか。**
3 文中でどんな**働き**をするか。

品詞分類表 —— 単語の種類を表にまとめると次のようになる。名詞を**体言**、動詞・形容詞・形容動詞の三つを**用言**という。

単語
- 自立語
  - 活用しない
    - 主語になる(**体言《たいげん》**)……物事の名称《めいしょう》を表す — **名《めい》詞《し》**
    - 主語にならない
      - 修飾語《しゅうしょくご》になる……
        - 主に用言を修飾する — **副《ふく》詞《し》**
        - 体言を修飾する — **連《れん》体《たい》詞《し》**
      - 接続語になる — **接《せつ》続《ぞく》詞《し》**
      - 独立語になる — **感《かん》動《どう》詞《し》**
  - 活用する……述語になる(**用言《ようげん》**)…言い切りの形が
    - ウ段の音で終わる — **動《どう》詞《し》**
    - 「い」で終わる — **形《けい》容《よう》詞《し》**
    - 「だ・です」で終わる — **形容動《けいようどう》詞《し》**
- 付属語
  - 活用しない — **助《じょ》詞《し》**
  - 活用する — **助《じょ》動《どう》詞《し》**

ここに注意

▼**十一品詞《ひんし》** 名詞の中に代名詞を含《ふく》めずに、一つの品詞として、十一品詞とすることもある。

用語

▼**複合語《ふくごうご》** 二つ以上の単語が結びついてできた単語を**複合語**という。
① 名詞 例 朝＋日→朝日
② 動詞 例 近(い)＋寄る→近寄る
③ 形容詞 例 細い＋長い→細長い

▼**派生語《はせいご》** 単語に、語調を整えたり意味を添《そ》えたりする**接頭語《せっとうご》**や**接尾語《せつびご》**が結びついてできた単語を**派生語**という。
① 接頭語＋単語 例 お茶・ま昼・か細い・なまぬるい
② 単語＋接尾語 例 あまみ・おとなぶる・私たち・文化的・汗《あせ》ばむ

もっとくわしく

▼**品詞の転成《てんせい》** ある単語がもとの品詞の性質を失い、ほかの品詞となることがある。これを**品詞の転成**という。
例 考える(動詞)→考え(名詞)
太い(形容詞)→太る(動詞)

必修問題

❶《自立語・付属語》次の各文の文節を、自立語（═）と付属語（─）に分けなさい。

①庭には　小さな　花壇《かだん》が　作って　ある。
②明るい　光が　窓から　入って　くる。
③彼女《かのじょ》も　まだ　食べて　いるようだ。
④私まで　入賞するとは　思わなかった。

❷《活用語》次の各組の語の中から、活用する語をそれぞれ二つずつ選びなさい。

①写す・とても・風・の・赤い・少年
②小さな・そして・この・素敵《すてき》だ・られる
③その・雲・暗い・元気だ・遊園地・しかし
④私・です・が・あれ・まあ・紹介《しょうかい》する

❸《品詞》次の各単語の品詞を答えなさい。

①走る　②いす　③こちら
④を　⑤それから　⑥きれいだ
⑦悲しい　⑧ようだ　⑨この
⑩まあ　⑪ゆっくり　⑫静かです
⑬寝《ね》る　⑭生き物　⑮少し

これでわかるコーチ

❶まず、**各文節を単語に分けよう**。次に、**自立語と付属語に分ける**のだが、その際、次のような性質に基《もと》づいて区別する。

ポイント

自立語
●**それだけで文節が作れる。**
●**一文節に必ず一つあり、それ自体で意味をもつ。**
●**文節の初めにある。**

付属語
●**自立語のあとにつき、それだけでは文節が作れない。**
●**一文節に一つもない場合も、二つ以上ある場合もある。**

①の「庭には」の「には」は、一つの付属語ではなく、「に」と「は」の二つの付属語に分けなければならない。また、③の「ようだ」は「よう」と「だ」に分けられず、「ようだ」で一つの付属語である。付属語の区別に注意しよう。

❷右ページ上段の**品詞分類表**にあるように、活用する語には**用言（動詞・形容詞・形容動詞）**と**助動詞**がある。これらは、**単語の形が変化するかどうかで見分ける**ことができる。ただし、用言は言い切りの形からも見つけることができるが、助動詞は変化する形を注意深く見きわめないと判断しにくい。例えば、④の「です」は、「でし(た)」という形にもなるので、活用する語だと判断するのである。

❸わかりにくいものは、自立語かどうか、活用するかどうか、どんな文の成分になるかを一つ一つ考えるようにする。

答え

❶①庭には　小さな　花壇が　作って　ある。②明るい　光が　窓から　入ってくる。③彼女も　まだ　食べて　いるようだ。④私まで　入賞するとは　思わなかった。

❷①写す・赤い　②素敵だ・られる　③暗い・元気だ　④です・紹介する

❸①動詞　②名詞　③名詞（代名詞）　④助詞　⑤接続詞　⑥形容動詞　⑦形容詞　⑧助動詞　⑨連体詞　⑩感動詞　⑪副詞　⑫形容動詞　⑬動詞　⑭名詞　⑮副詞

チェックテスト1

解答▼別冊 p.2〜3

得点　／100

1

次の文章について、それぞれの文の終わりに句点を付けなさい。そして、いくつの文でできているかを数字で答えなさい。〈6点〉

わたしはそこら中を捜《さが》した家臣たちを呼んで宮殿《きゅうでん》中を捜させたしかしどこにも女の姿は見えなかったわたしはがっかりして部屋に戻《もど》って来たそして女が座《すわ》っていた長いすに目をやったそこにはぬれた野がもの羽が二羽ほど落ちていたのだ。

（辻邦生《つじくにお》「婪り《むさぼ》」による）

［　］

2

次の各文は、それぞれいくつの文節でできているか、数字で答えなさい。〈6点＝2点×3〉

① 私は、都会にはない風景に出会ってきた。
② この青年は村人に選ばれた働き手であった。
③ いろいろの香りの混ざった心地《ここち》よい風が吹《ふ》いている。

①［　］　②［　］　③［　］

3

次の各文は、それぞれいくつの文節、いくつの単語でできているか。数字で答えなさい。〈16点＝2点×8〉

① 生き物のさびしさを感じた。
② 湖には白鳥がいたよ。
③ 真ん中にくりの木が一本立っている。
④ 彼《かれ》が探しているのは、その本です。

文節　①［　］　②［　］　③［　］　④［　］
単語　①［　］　②［　］　③［　］　④［　］

4

次の各文のうち、①〜③からは並立《へいりつ》の関係にある二文節を、④〜⑥からは補助の関係にある二文節を、それぞれ抜《ぬ》き出しなさい。〈12点＝2点×6〉

① この花は小さくてかわいい。
② ボールを蹴《け》ったり投げたりして遊ぶ。
③ お父さんやお母さんのことを考えているのです。
④ 定期船でこの町へ向かって走っている。
⑤ 皿にとっておいたサラダを食べた。
⑥ 父は私にコートをかけてくれた。

①［　］　②［　］
③［　］　④［　］
⑤［　］　⑥［　］

5

次の各文中から、独立語と接続語を抜き出しなさい。〈10点＝5点×2〉

① みなさん、早く集合しましょう。
② 熱っぽいので、病院へ行った。
③ 春、それは生命が芽ぶく季節だ。

④ この店の料理はおいしい。しかも安い。
⑤ 晴れたけれども、傘《かさ》を持って出かけた。

独立語

接続語

6

次の各文中の――線をつけた二つの文節の関係を、あとのa～dから選び、記号で答えなさい。〈8点＝2点×4〉

① 赤い 大きなリンゴを食べた。
② あそこに輝《かがや》いて いる星は何ですか。
③ 海でたくさんの人たちが泳ぐ。
④ そんなことなら子どもでも できる。

a 主・述の関係　b 修飾《しゅうしょく》・被《ひ》修飾の関係
c 並立の関係　d 補助の関係

① 　② 　③ 　④

7

次の各文中の――線部の文節は、互《たが》いにどんな関係になるか。文節の関係を答えなさい。〈12点＝3点×4〉

① あなたほど身勝手な人は めったにいない。
② だんだん夜が更《ふ》けて ゆく。
③ あなたには妹か 弟がいますか。
④ 彼女《かのじょ》はいつもかわいい 服を着ている。

8

次の各文中から、連体修飾語と、それを受ける体言を含《ふく》む文節を抜き出しなさい。（ ）内の数字は連体修飾語の数を示している。〈15点＝3点×5〉

① わずかな水しか残っていない。（1）
② これは私の弟の写真です。（2）
③ テレビのうるさい音がする。（2）

① ↓
② ↓　↓
③ ↓　↓

9

次の各文中から、連用修飾語と、それを受ける用言を含む文節を抜き出しなさい。（ ）内の数字は連用修飾語の数を示している。〈15点＝3点×5〉

① 夕日はとても美しかった。（1）
② 暑かったので服を脱《ぬ》いだ。（1）
③ 公園で、おいしい弁当をいっぱい食べた。（3）

① ↓
② ↓
③ ↓　↓　↓

チェックテスト2

解答▼別冊p.3〜5

得点　／100

1

次の各文の文節を、いくつかの連文節にまとめなさい。〈6点＝2点×3〉

① 昨日の　夕方　ひどい　雷《かみなり》が　東の　空で　鳴って　いた。
② 学校の　池には　たくさんの　生き物が　すんで　いる。
③ 今朝は　気分が　悪いので　学校を　休もう。

①

②

③

2

次の各文から並立《へいりつ》または補助の関係でできている連文節を抜《ぬ》き出し、それらの文の成分を答えなさい。〈9点＝3点×3〉

例　家の明かりが消えている。→消えている（述部）

① その絵を描《か》いたのは有名な画家である。
② 過ごしやすいので、春と秋が好きだ。
③ 赤と青、どちらの色をとりますか。

①

②

③

3

次の各文中の――線部は、それぞれどのような文の成分かを答えなさい。〈12点＝2点×6〉

① 窓から差しこむ青白い光が、涼《すず》しさを感じさせた。
② 落ち葉をかき分けてみたら、フキノトウが顔を出した。
③ 角のつき方も、ほかの牛とは違《ちが》っていました。
④ 早春のブナ林は冬山よりもわびしく感じられた。
⑤ 何かに感動すること、それは大切なことだ。
⑥ 水を治めなければ、安心した生活は送れません。

①　②　③

④　⑤　⑥

4

次の各文中の――線部は、文の成分として何にあたるか。あとのア〜オから選び、記号で答えなさい。〈4点＝1点×4〉

① 私たちは、おもしろくてためになるお話を、聞かせてもらいました。
② 竹やぶや森林は、あふれ出る洪水《こうずい》の力を弱めてくれました。
③ 明け方の空に美しく輝《かがや》く星、それが金星です。
④ めざす場所に着くと、さっそくテントを張った。

ア　主部　　イ　述部　　ウ　修飾部《しゅうしょくぶ》
エ　接続部　　オ　独立部

①

②

③

④

5

次の各文の述語(部)を答えなさい。また、その述語(部)と倒置《とうち》された部分は、文の成分として何かを答えなさい。〈8点＝2点×4〉

① 決して渡《わた》さない。これだけは。
② 本当に情けない人です。あなたは。
③ もう少し眠《ねむ》ります。その部屋で。
④ もう一度やり直します。一人で。

①
②
③
④

6

次の各文中から連文節をすべて抜き出し、例にならって、それぞれどのような文の成分かを答えなさい。〈15点＝5点×3〉

例 先週の日曜日に図書館へ行った。→先週の日曜日に(修飾部)

① 彼女《かのじょ》はどしゃ降りの雨の中を走っていった。
② 雨がやんだので、公園で遊んでいた。
③ 探していたもの、それは部屋のかぎだ。

①
②
③

7

次の各文中の——線部は、文の成分として何になるか。あとのア〜オから選び、記号で答えなさい。〈10点＝1点×10〉

① [a]たくさん食べたら、[b]眠くなった。
② [c]私は [d]山田《やまだ》さんの意見には [e]反対です。
③ [f]美しい指輪を [g]彼女に あげた。
④ [h]わがままな人、[i]それは [j]あなたです。

ア 主語(部)　イ 述語(部)　ウ 修飾語(部)
エ 接続語(部)　オ 独立語(部)

a　b　c　d　e
f　g　h　i　j

8

次の各文の構造を、あとのア〜エから一つずつ選び、記号で答えなさい。〈4点＝1点×4〉

① 松本《まつもと》君、その本を取ってくれ。
② 雨がひどいので、今日の予定は取り消しだ。
③ 白い帽子《ぼうし》をかぶった髪《かみ》の長い少女が私の妹です。
④ 一頭の黒い大きな犬がゆっくりと歩いてきた。

ア 主語(部)＋述語(部)
イ 主語(部)＋修飾語(部)＋述語(部)
ウ 接続語(部)＋主語(部)＋述語(部)
エ 独立語(部)＋修飾語(部)＋述語(部)

①　②　③　④

9

次の各文の組み立てを示した文図の、それぞれの（　）にあてはまる語を答えなさい。〈16点＝2点×8〉

① 老いも　若きも　その　盛大な　祭りを　楽しんだ。

（ア）　（イ）　（ウ）
「（エ）の関係」　連体修飾語　連体修飾語

② 彼女《かのじょ》は　驚《おどろ》いたので、スープの　皿を　落として　しまった。

主語　（オ）　（カ）　述部
（キ）　「（ク）の関係」

ア　イ　ウ
エ　オ　カ
キ　ク

10

次の各文中から付属語で活用するものを抜き出しなさい。〈4点＝1点×4〉

① それは森に吹く風であった。
② その少女は遠くへ行くらしい。
③ 冬になるとその鳥がやってくるそうだ。
④ お客さんから大きな拍手《はくしゅ》をもらいたい。

①　②
③　④

11

次の各文中の――線部の単語の品詞は何か。あとのア〜コから選び、記号で答えなさい。〈8点＝1点×8〉

① 涼《すず》しい風が吹き出した。
② 明日、故郷に帰ろうと思う。
③ 私は、中学生です。
④ 白い服を着た女の子が自転車に乗って通り過ぎた。
⑤ 明日は必ず行きます。
⑥ あなたはとてもかわいい人だ。
⑦ 風が吹き始めた。そして雨も降ってきた。
⑧ それが一番適切な方法でしょう。

ア　動詞　イ　形容詞　ウ　形容動詞　エ　名詞
オ　副詞　カ　連体詞　キ　接続詞　ク　感動詞
ケ　助動詞　コ　助詞

①　②　③　④
⑤　⑥　⑦　⑧

12

次の各文は、単文・重文・複文のどれかを答えなさい。〈4点＝1点×4〉

① 私たちは一日中黙《だま》って森を歩き回った。
② 海は砕《くだ》け、大地は悲鳴をあげた。
③ それは日がさんさんと照る六月の美しい日だった。
④ 私が外に出ようとしたときに、彼《かれ》がやってきた。

①
②
③
④

2

活用のない自立語

名詞・副詞・連体詞・接続詞・感動詞の五つは、すべて自立語で、活用しない語である。

7 名詞①
―性質と種類

名詞の性質

名詞は、物事の名称を表す単語で、**体言**という。名詞には、次のような性質がある。

1 **自立語で活用がない。**

2 助詞「が」や「は」を伴《ともな》って**主語になる。** 例 山**が**崩《くず》れる。 海**は**広い。

名詞の種類

名詞は、次の五つに分けられる。（代名詞を独立した一つの品詞として扱う考え方もある。）

1 **普通名詞《ふつうめいし》**……一般的《いっぱんてき》な物事の名称《めいしょう》を表す。
例 学校　犬　人間　心　文学　映画

2 **代名詞《だいめいし》**……人や物事の名称を言わずに、その人や物事を指し示す。
例 わたし　彼《かれ》　だれ　これ　そこ　あっち　どちら

3 **固有名詞《こゆうめいし》**……人名・地名・書名など、ただ一つしかないものの名称を表す。
例 豊臣秀吉《とよとみひでよし》　九州　フランス　万葉集《まんようしゅう》　アルプス

4 **数詞《すうし》**……物の数・量や順序などを表す。
例 五つ　七冊　九人　第八　いくつ　何回

5 **形式名詞《けいしきめいし》**……名詞本来の意味が薄《うす》れて、補助的・形式的に用いられているもの。
例 こと　ところ　もの　はず　とおり　ため　ゆえ　つもり　うち　あいだ
思っている**こと**を述べる。　今来た**ところ**です。

もっとくわしく

二種類の代名詞

① 人称代名詞……人を指し示す。

自称《じしょう》	対称《たいしょう》	他称《たしょう》 近称《きんしょう》	他称 中称《ちゅうしょう》	他称 遠称《えんしょう》	不定称《ふていしょう》
わたし	あなた	こいつ	そいつ	あいつ	どいつ
ぼく	きみ			彼	だれ
おれ	おまえ			彼《かの》女《じょ》	どなた

② 指示代名詞《しじだいめいし》……物事・場所・方向を指し示す。

	近称	中称	遠称	不定称
物事を指し示す	これ	それ	あれ	どれ
場所を指し示す	ここ	そこ	あそこ	どこ
方向を指し示す	こちら こっち	そちら そっち	あちら あっち	どちら どっち

- **自称**…自分を指す。
- **対称**…相手を指す。
- **他称**…自分や相手以外の人を指す。
- **近称**…自分に近い人やものを指す。
- **中称**…相手に近い人やものを指す。
- **遠称**…自分からも相手からも遠い人やものを指す。
- **不定称**…だれかわからない人やはっきりしないものを指す。

必修問題

1 《名詞の識別》次の各文中から名詞をすべて抜《ぬ》き出しなさい。

① あのドレスは彼女には似合わないだろう。
② 日本海、ここに私の思い出がある。
③ 山田《やまだ》さんの家は花屋の隣《となり》です。
④ あれは、先生のお手紙ですか。
⑤ 昨日、七時に夕食を食べた。

2 《名詞の種類》次の各文中の――線部の名詞は、A普通名詞・B代名詞・C固有名詞・D数詞・E形式名詞のうちどれか。記号で答えなさい。

① 激しい台風（ア）のせいで、私たち（イ）は家（ウ）から一歩（エ）も出ること（オ）ができなかった。
② ぼく（カ）の妹（キ）の名前（ク）は、サチコ（ケ）と言います。
③ 世界中どこ（コ）を探しても、自分（サ）に代わる人間はだれ（シ）一人（ス）としていない。

3 《代名詞》次の各文中から代名詞を抜き出し、人・物事・場所・方向のどれを指し示すかを答えなさい。

① これは、どなたからいただいた品物ですか。私はその日、こちらにいなかったから知らないのです。
② ここで靴《くつ》を脱《ぬ》いで、あっちの部屋へ行きなさい。

これでわかるコーチ

1 **「名詞＝物の名前」という知識だけではうまく判別できない場合がある。**ぜひ、次の見分け方を覚えておこう。

ポイント
「が」をつけて主語になれば ―→ 名詞

例えば④の「あれ」には「が」をつけられるが、①の「あの」には「が」をつけられない。そこで、「あれ」は名詞で「あの」は名詞ではないことがわかる。また、③で「山田」と答えると正しくない。接尾《せつび》語の「さん」をつけて、一つの名詞と考える。④の「お手紙」も同様に接頭《せっとう》語の「お」をつけておく。

ポイント
接頭語・接尾語もあわせて、一つの名詞。

2 ①「一歩」には数字がついていることに注目する。②の「(ぼくの)妹」を、この世に一人しかいないからといって固有名詞としないこと。

3 まず人称代名詞と指示代名詞を区別してから考えるようにする。

Q&A

Q 「これ・それ・あれ・どれ」など、**「こそあど」言葉**とよばれているものは、すべて代名詞と考えてよいですか。

A それぞれ品詞が異なります。例えば、「こんなだ」は**形容動詞**です。このほか、「この・あの…」は**連体詞**で、「こう・そう…」は**副詞**というように、「こそあど」言葉はいろいろな品詞にあるから注意しなければなりません(→p.31参照)。

答え

1 ①ドレス・彼女 ②日本海・ここ・私・思い出 ③山田さん・家・花屋・隣 ④あれ・先生・お手紙 ⑤昨日・七時・夕食
2 ①アA イB ウA エD オE ②カB キA クA ケC ③コB サA シB スD
3 人―①どなた・私 **物事**―①これ **場所**―②ここ **方向**―①こちら ②あっち

8 名詞②
—働きと構成

名詞の働き —— 名詞には、次のような働きがある。

1 主語になる——「が」「は」「も」などを伴《ともな》う。

例 雨が 激しく 降る。
（↑これが名詞の基本的な働きである。）

2 述語になる——「だ」「です」「か」などを伴う。

例 彼《かれ》は **中学生です。**

3 修飾語《しゅうしょくご》になる——「の」「に」「を」などを伴う。

例 **雨の** 日に 出かける。 **教室に** 入る。
（↑連体修飾語）（↑連用修飾語）

4 独立語になる——単独で、または「や」「よ」などを伴う。

例 **雨よ** 降れ。

複合名詞 —— 二つ以上の単語が組み合わさってできた名詞を**複合名詞**という。これには次のような組み合わせのものがある。

1 **名詞＋名詞……** 例 朝日 三日月《みかづき》

2 **動詞＋名詞……** 例 借り物 落ち葉

3 **名詞・動詞＋形容詞の語幹《ごかん》……** 例 気弱《きよわ》 足ばや 切《き》れ長《なが》（語幹→p.40参照）

4 **形容詞の語幹＋名詞……** 例 赤字 弱気《よわき》 高値《たかね》

▼右のほか「**稲刈り**《いねかり》」「**食べ過ぎ**」のように、下の動詞が転成《てんせい》して名詞となったものもある。

もっとくわしく

▼**修飾語になる普通名詞《ふつう》** 数詞や時を示す普通名詞は、単独で修飾語になることがある。その場合、連用修飾語になる。

例 昨日 入学式が 行われた。
鳥が 三羽 飛び去った。

用語

▼**転成名詞** もともと動詞や形容詞として用いられていた単語が、転じて名詞として用いられるようになったものを転成名詞という。

① 動詞から転じたもの
例 今日は晴れだ。（←晴れる）

② 形容詞から転じたもの
例 遠くから見る。（←遠い）

ここに注意

▼**接頭語《せっとう》や接尾語《せつび》がついて名詞となるもの**

例 ● お茶 ご恩 ま夜中 素《す》足……接頭語
● 親たち 森《もり》さん われら あなたがた
八分め 暑さ 赤み 細め……接尾語

必修問題

1 《名詞の働き》次の各文中から名詞を含《ふく》む文節を抜《ぬ》き出し、主語・述語・修飾語・独立語のどの働きをしているか答えなさい。

① 親切な人が、席をゆずってくれた。
② たまには映画を見よう。
③ 京都、それは美しい町だ。
④ 昨日、新しい帽子《ぼうし》を買った。

2 《複合名詞》次の各文中から複合名詞を抜き出し、それらがどんな語で組み合わされているかを答えなさい。

① 冷蔵庫の中に何か食べ物はありますか。
② ビルの屋上からは、家々がとても小さく見える。
③ 私たちは、薄暗《うすくら》がりの中をおそるおそる歩いた。
④ 山登りには多くの危険が伴う。

3 《転成名詞》次の各文中から、ほかの品詞から転じてできた名詞を抜き出しなさい。

① 彼女《かのじょ》の洋服にはいろんな飾《かざ》りがついている。
② そんなごまかしは通用しない。
③ この世から争いがなくなることを願う。
④ 駅の近くにマンションができるらしい。

これでわかるコーチ

1 名詞はすぐに見つけられるだろうが、ここでは、**文節の形で抜き出すことを忘れないこと**。「が」「を」「は」「だ」をつけて文節になるものがあるはず。③には三つある。代名詞を見落とさないようにしよう。④の「昨日」を独立語としないこと。この「昨日」は、「昨日→買った」となり、連用修飾語である。

2 名詞の中でも、二つ以上の単語が合わさってできたものを選ぶのである。**複合名詞は多くの場合、下の語が名詞になるから、上の語に着目する。**①の「食べ物」は、「食べる物」からできた、という見当がつけられるだろう。②の「家々」は、名詞「家」が二つ重なってできたもので、このような複合語を畳語《じょうご》という。③に見られる「私たち」は、接尾語「たち」がついた派生《はせい》語で、複合名詞ではない。④の「山登り」は「山」と「登り」が組み合わさったもので、下の「登り」は動詞から転成した名詞だが、形としては「名詞＋動詞」の複合名詞と考えるべきである。

3 **転成名詞**の中のほとんどのものは、**動詞の連用形から転じたもの**である。形容詞の連用形から名詞になったものは、④の「近く」ともう一つ「遠く」ぐらいしかない。

動詞から転成名詞になった場合、**送りがなをつけずに表すものがある**ことに注意する。

例 光る→光《ひかり》　志《こころざ》す→志《こころざし》　頂《いただ》く→頂《いただき》　組む→組《くみ》

答え

1 ①人が・主語／席を・修飾語　②映画を・修飾語　③京都・独立語／それは・主語／町だ・述語　④昨日・修飾語／帽子を・修飾語　**2** ①食べ物＝食べ(動詞)＋物(名詞)　②家々＝家(名詞)＋家(名詞)　③薄暗がり＝薄(形容詞の語幹)＋暗がり(名詞)　④山登り＝山(名詞)＋登り(動詞)　**3** ①飾り　②ごまかし　③争い　④近く

9 副詞

副詞の性質

副詞は、ほかの文節を修飾し、文の意味をくわしく定める単語で、次のような性質がある。

1 **自立語で活用がない。**

2 **主として連用修飾語《しゅうしょくご》になる。** 例 **そっと** 下ろす。(動詞) **少し** 長い。(形容詞)

副詞の種類

副詞は次の三種類に分けられる。呼応の副詞は、陳述の副詞、叙述の副詞ともいう。

種類	働き	おもな語例	用例
状態《じょうたい》の副詞《ふくし》	動作・作用の状態をくわしく表す。	しばらく はるばる いきなり そっと ふと やがて しっかり わざわざ にっこり こう そう ああ どう	**しばらく**歩いた。**ふと**立ちどまる。**にっこり**笑う。
程度《ていど》の副詞	物事の性質や状態などの程度を表す。	たいそう 少し かなり あまり やや ちょっと ずいぶん ずっと いっそう もっと よほど めっきり	**かなり**寒くなった。**ずいぶん**厚かましい。**めっきり**ふけた。
呼応《こおう》の副詞	受ける文節に特別な言い方を要求する。	おそらく(推量) なぜ(疑問) 決して(打ち消し) もし(仮定) ぜひ(願望) まるで(たとえ) まさか(打ち消し推量)	**おそらく**来るだろ**う**。**なぜ**返事しないの**か**。**ぜひ**誘《さそ》って**ほしい**。

もっとくわしく

▼**連用修飾語になる品詞** 副詞は連用修飾語となるが、連用修飾語となるのは副詞だけとは限らない。逆は必ずしも真ならずということである。

例 **花がやっと咲《さ》いた。** 副詞
花が昨日咲いた。 名詞
花が美しく咲いた。 形容詞
花が見事に咲いた。 形容動詞

▼**擬声語《ぎせいご》(擬音語《ぎおんご》)・擬態語《ぎたいご》は副詞** ものの音や声をまねて表す擬声語(擬音語)や、ものの様子に似せて表す擬態語も、副詞の一種。**状態の副詞**の中に入れる。

例 **ひよこがピヨピヨと鳴く。**
ざんぶと水に飛び込《こ》む。
すやすや眠《ねむ》っている。

ここに注意

▼**体言やほかの副詞を修飾する副詞** 程度の副詞の中には、**体言やほかの副詞を修飾するもの**がある。副詞は「主として連用修飾語になる」とした理由は、こういった例外があるからである。

例 かなり昔の話です。(体言を修飾)
もっとゆっくり話しなさい。(副詞を修飾)

必修問題

❶《副詞の識別》次の各文中から副詞をすべて抜《ぬ》き出しなさい。

① せっかく作った物を、わざわざ壊《こわ》すことはない。
② おそらく今夜はだいぶ寒くなるだろう。
③ 猫《ねこ》がのどをゴロゴロと鳴らしている。
④ もっとじっくり考えてから行動すべきだ。
⑤ よもや初球でいきなりホームランを打たれはしまい。

❷《副詞の種類》次の各文中の――線部の副詞の種類を答えなさい。

① どうして君は泣いているの。
② 波は、きわめておだやかだった。
③ このご恩は決して忘れません。
④ ここでしばらく待っていよう。
⑤ はじめからこうすればよかった。

❸《呼応の副詞》次の各文中の□に、ひらがな一字ずつをあてはめて、意味の通じる文にしなさい。

① □□あなたが行くのなら、私も行きます。
② たぶんあの少年は十五歳《さい》くらい□□□。
③ □□□私の頼《たの》みをきいてください。
④ まるで映画のワンシーンの□□□。

これでわかるコーチ

❶ 用言の文節を単独で修飾している語を見つける。 単独で連用修飾語になる語は、副詞のほかに名詞・形容詞・形容動詞があるので、次のように区別しよう。

ポイント

- 単独で連用修飾語になる
  - → **主語**になる → **名詞**（副詞は主語にはならない）
  - → **活用**する → **形容詞・形容動詞**（副詞は活用しない）
  - → 右以外 → **副詞**

ここでは、②の「寒く」が副詞と紛《まぎ》らわしい。これは、「寒かろ・かっ・い……」などと活用するので副詞ではなく、形容詞「寒い」の連用形である。

Q&A

Q ③の「ゴロゴロと」は、これで一つの副詞ですか。それとも、「ゴロゴロ」（副詞）＋「と」（助詞）に分けるのですか。

A 「ゴロゴロと」は一つの副詞です。**擬声語**や**擬態語**では、「ザアザア」と「ザアザアと」、「にこにこ」と「にこにこと」のように、**「と」のつくものとつかないものとがともに副詞として使われます。**

❷ 状態の副詞と程度の副詞の区別に気をつけよう。③の「決して」は下に必ず打ち消しの意味を表す文節がくるので、**呼応の副詞**となる。

❸ このように、**呼応の副詞を受けて一定の言い方で結ぶこと**を、**副詞の呼応**という。それぞれの副詞が、①は仮定、②は推量、③は願望、④はたとえと呼応している。

答え

❶ ①せっかく・わざわざ ②おそらく・だいぶ ③ゴロゴロと ④もっと・じっくり ⑤よもや・いきなり
❷ ①呼応の副詞 ②程度の副詞 ③呼応の副詞 ④状態の副詞 ⑤状態の副詞
❸ ①もし ②だろう ③どうか（どうぞ） ④ようだ

10 連体詞

連体詞の性質

――連体詞は、副詞と同じくほかの文節を修飾し、文の意味をくわしく定める単語だが、次のような性質がある。

1 **自立語で活用がない。**

2 単独で、**常に連体修飾語《しゅうしょくご》になる。** 例 小さな 家(名詞)。 あらゆる 出来事(名詞)。

連体詞の種類

――連体詞は、形の上から次のように分類することができる。

形	語例	用例
~の	この その あの どの ほんの	**この**本がほしい。 **ほんの**二、三冊《さつ》しかない。
~が	わが	**わが**国の将来を案ずる。
~な	大きな 小さな おかしな いろんな	**大きな**声で話さなくてもよい。 **いろんな**種類の本がある。
~た(だ)	たいした とんだ	**たいした**事件ではない。 **とんだ**見当違《ちが》いだ。
~る	ある あらゆる いわゆる いかなる きたる	**ある**日のこと。 **いわゆる**住民パワーが爆発《ばくはつ》した。

ここに注意

ほかの品詞と紛《まぎ》らわしい連体詞の例

① a 大きな**夢**……連体詞
b 大きい**夢**……**形容詞**
形容詞の活用語尾《ごび》には「~な」の形はない。

② a ある**日の出来事**……連体詞
b ここにある。……**動詞**
bは活用があり、「存在する」の意味がある。

③ a この**夢を実現させる。**……連体詞
b これは**夢にすぎない。**……**名詞**
bは単独で主語になることができる。「こそあど」言葉は、左ページ下段参照。

④ a ほんの**一日**……連体詞
b ずっと**以前**……**副詞**
bは連用修飾語になる語だが、数詞や時・方向を表す名詞に対してのみ連体修飾語にもなる。

必修問題

1 《連体詞の識別》**次の各文中から連体詞を抜《ぬ》き出しなさい。**

① いかなる理由があろうとも、殺人は許されない。
② わが身を捨てて、世のために尽《つ》くす。
③ あの寺はかなり前に建てられたらしい。

2 《連体詞と係る文節》**次の各文中から連体詞を抜き出し、その連体詞が係る文節を答えなさい。**

① その写真は、旅先で撮《と》ったものです。
② 病院に行ったが、たいしたけがではなかった。
③ ほんの二、三分だけ待ってくれ。

3 《連体詞の識別》**次の各組のア・イのうち、――線部が連体詞であるものを選びなさい。**

① ア これは君が描《か》いた絵ですか。
　 イ この絵は君が描いたものですか。
② ア 災害は、ある日突然《とつぜん》やってくる。
　 イ 明日、音楽会がある。
③ ア おかしい音がする。
　 イ おかしな音がする。
④ ア 春には、いろんな花が咲《さ》く。
　 イ こんなにきれいな花は見たことがない。

これでわかるコーチ

1 **連体詞は数が少ないので覚えておくのがよい。**ここで惑《まど》わされるのは、③の「かなり」である。「かなり→前(に)」と名詞(体言)に係る連体修飾語だから連体詞ではないか、と思う人もいるだろう。けれども「かなり」は、「かなり速い」のように連用修飾語にもなるので、副詞である。

2 **連体詞の中に、「この・その・あの・どの」がある。**これは「こそあど」言葉、つまり**指示語**の一つである。ここで指示語の品詞を整理しておくと、次のようになる。

	こ	そ	あ	ど
名詞(代名詞)	これ ここ こちら こっち	それ そこ そちら そっち	あれ あそこ あちら あっち	どれ どこ どちら どっち
連体詞	この	その	あの	どの
副詞	こう	そう	ああ	どう
形容動詞	こんなだ	そんなだ	あんなだ	どんなだ

形容動詞については、あとで触《ふ》れるが、「こんな・そんな・あんな・どんな」を連体詞とする説もある(→p.56下段参照)。

3 連体詞とほかの品詞とを区別するには、活用するか、単独で主語になるかにポイントをおいて見分けるのが基本である。**連体詞は活用がなく、単独で主語にならない。**

答え

1 ①いかなる ②わが ③あの **2** ①その→写真は ②たいした→けがでは ③ほんの→二、三分だけ **3** ①イ ②ア ③イ ④ア

11 接続詞・感動詞

接続詞

接続詞――接続詞は、**自立語で活用がなく、単独で接続語になる単語**である。前後の文や文節をつなぐ働きをし、次のような種類がある。

種類	おもな語例	用例
順《じゅん》接《せつ》	それで　だから　すると　そこで	雨になった。**そこで**早く帰った。
逆《ぎゃく》接《せつ》	しかし　だが　ところが　けれども	雨がやんだ。**しかし**、行かなかった。
累《るい》加《か》(添《てん》加《か》)	それから　なお　しかも　それに	彼《かれ》は仕事が早い。**しかも**丁寧《ていねい》だ。
並《へい》立《りつ》(並《へい》列《れつ》)	また　および　そして　ならびに	彼は野球もするし、**また**水泳もする。
対《たい》比《ひ》・選《せん》択《たく》	それとも　あるいは　または	京都に行くか、**または**奈良に行くか。
説《せつ》明《めい》・補《ほ》足《そく》	つまり　なぜなら　ただし　もっとも	ぼくが行く。**ただし**彼も連れていく。
転《てん》換《かん》	ところで　さて　では　ときに	わかりました。**さて**、次は何ですか。

感動詞

感動詞――感動詞は、**自立語で活用がなく、単独で独立語になる単語**である。感動を表すものの違いによって、次のように分類できる。

種類	おもな語例	用例
感《かん》動《どう》	ああ　あら　おお　おや　まあ　えっ	**ああ**、びっくりした。
呼《よ》びかけ	おい　こら　これ　さあ　もしもし	**これ**、早く起きなさいよ。
応《おう》答《とう》	はい　いいえ　いや　うん　ええ	**いいえ**、少しも知りませんでした。

用語

▼**順接**　前の事柄《ことがら》が原因・理由となるような事柄を、あとに述べる。

▼**逆接**　前の事柄と逆になるような事柄を、あとに述べる。

▼**累加(添加)**　前の事柄にあとの事柄を付け加える。

▼**並立(並列)**　前の事柄にあとの事柄を並べて示す。

▼**対比・選択**　前の事柄とあとの事柄を比べ、どちらかを選ぶ。

▼**説明・補足**　前の事柄についての説明や補足をあとに述べる。

▼**転換**　前の事柄から話題を変えて、あとの事柄を述べる。

もっとくわしく

▼**上記以外の感動詞**

● あいさつ…こんにちは　さようなら

● かけ声……そら　どっこいしょ

必修問題

1 **《接続詞の識別》次の文章中から接続詞《せつぞくし》をすべて抜《ぬ》き出しなさい。**

しかし、土地の食べ物は、やはり土地の空気のにおいとか、土地の水や酒と深くかかわっていて、そこから切り離《はな》されたら生命力を失ってしまう。だからおいしくない、というのがほんとうの理由でしょう。したがって、厳密に言えば、文化は輸出も輸入もできません。

2 **《接続詞の種類》次の各文中の――線部の接続詞の働きを、あとのア～キから選び、記号で答えなさい。**

① 友達に電話をかけた。ところが、留守だった。
② 明日遠足がある。ただし、雨が降れば中止だ。
③ 黒または青のペンで書いてください。
④ ところで、みなさんお元気ですか。
⑤ ノートと、それから鉛筆《えんぴつ》も買おう。

ア 順接　**イ** 逆接　**ウ** 累加(添加)　**エ** 並立(並列)
オ 対比・選択　**カ** 説明・補足　**キ** 転換

3 **《感動詞の識別》次の各文中から感動詞をすべて抜き出しなさい。**

① 「おや、財布《さいふ》を忘れてしまった。」「まあ、たいへん。」
② 「あら、こんにちは。お久しぶりですね。」

これでわかるコーチ

1 **接続詞**は、**文と文をつなぐだけでなく、文節と文節や連文節と連文節、単語と単語をつなぐ働きをする**。ただし、ここでは、文と文をつないでいるものばかりだから、**文の最初にくる語に注目すればよい**。「やはり」は副詞。

2 接続詞がどのような関係で、文と文、文節(連文節)と文節(連文節)を結んでいるかを考える。その関係を表している言葉は選択肢《せんたくし》にあげてあるが、右ページの下段でもう一度意味内容を確かめておこう。

プラスα 〈逆接か順接か〉

次の□に入るのは、**「しかし」**と**「だから」**のどちらか? 考えてみよう。

○ **努力した。□、二位だった。**

正解は? 実はどちらか決められない。つまり、「しかし」でも「だから」でもどちらでも文意は通るというわけである。一位を目指して努力していたのなら「しかし」を入れるのがよいし、上位を目標にしていたのなら「だから」が入ることができる。

このように、**接続詞の使い方**は、**話し手が前後の部分の関係に対してどう考えているかによって決まる**のである。

3 **感動詞**は**文頭にくることが多い**ので見つけやすい。しかし、②「こんにちは」のように文頭にくるとは限らない場合もあるので注意する。

答え

1 しかし・だから・したがって　**2** ①イ　②カ　③オ　④キ　⑤ウ
3 ①おや・まあ　②あら・こんにちは

チェックテスト3

1 次の各文中から名詞をすべて抜《ぬ》き出し、普通《ふつう》名詞・代名詞・固有名詞・数詞・形式名詞に分類しなさい。〈10点＝2点×5〉

① ある日、彼女《かのじょ》は姉とふたりで近くの公園に行った。
② 私たちの人生とはうまく行かないものだ。
③ 今日の未明、太郎《たろう》は住み慣れた町を出発し、野を越《こ》え山を越え、十キロメートル離《はな》れたこの村にやってきた。
④ 日本語を学び日本を知ろうとする外国人の存在は貴重である。
⑤ それは、彼《かれ》がまだ七歳《さい》の正月のことだった。
⑥ 来週の国語の時間に、『枕草子《まくらのそうし》』を読むのが楽しみだ。

普通名詞	
代名詞	
固有名詞	
数詞	
形式名詞	

2 次の各文中から副詞を抜き出し、その副詞が修飾《しゅうしょく》している文節を答えなさい。〈14点＝2点×7〉

① 眼鏡をかけたら、はっきり見えた。
② やや大きめの入れ物が必要だ。
③ たとえ試合に負けても、恥《は》じることはない。
④ 星がきらきら輝《かがや》く。
⑤ 道でばったり旧友に会った。
⑥ 朝食は毎日しっかり食べなさい。
⑦ まさか、彼がそんなことを言うはずがあるまい。

① →
② →
③ →
④ →
⑤ →
⑥ →
⑦ →

3 次の各文の説明にあてはまる副詞は、あとのア～カのうちどれか。それぞれ一つずつ選び、記号で答えなさい。〈5点＝1点×5〉

① 動詞を修飾する状態の副詞。
② ほかの副詞を修飾する程度の副詞。
③ 擬態語《ぎたい》としての状態の副詞。
④ 体言を修飾する程度の副詞。
⑤ 下に一定の言い方がくる呼応の副詞。

ア 兄にじろっとにらまれて、しゃべるのをやめた。
イ 真夜中に、ふと目が覚めた。

解答▼別冊p. 5～7

得点 ／100

ウ　今日はたいそう暑いですね。
エ　彼はとてもゆっくり歩く。
オ　それはかなり前の出来事です。
カ　決してあなたに迷惑《めいわく》をかけるようなことはしません。

① ② ③ ④ ⑤

4　**次の各文中から、連体詞を一つずつ抜き出しなさい。**　〈6点＝1点×6〉

① いかなる人にも欠点はある。
② 外国でおかしな体験をする。
③ わが国の首都は東京です。
④ そのいすに座《すわ》ってください。
⑤ 彼は、いろんな切手を持っている。
⑥ 小さな命でも尊ばなければならない。

① ② ③ ④ ⑤ ⑥

5　**次の各文中の――線部の語が、A連体詞か、B副詞か、記号で答えなさい。また、それぞれの語が修飾している文節を抜き出しなさい。**　〈16点＝2点×8〉

① 兄が帰宅し、しばらくすると父も帰ってきた。
② 祖父の家には、いろんな古いものがある。
③ あなたは、この花が何という名前か知っていますか。
④ よほど激しい雨でないかぎり、予定通り出発します。
⑤ 少し右に寄ってください。
⑥ どうしてお母さんの言うことが聞けないの。
⑦ たいした心配はない。
⑧ 世界中のあらゆる国に行きたい。

① ② ③ ④ ⑤ ⑥ ⑦ ⑧

6　**次の各文中から感動詞を抜き出し、あとの分類にしたがって、書き入れなさい。**　〈5点＝1点×5〉

① 「よいしょ。もうひとがんばりだ。」
② 「おい、早く起きろ。」
③ 「やれやれ、また最初からやり直しか。」
④ 「君は野球が好きなの。」「うん。」
⑤ 「ありがとう」と言って、彼女は私にほほえんだ。

感　動
呼びかけ
応　答
あいさつ
かけ声

7

次の各文中の（　）に入れる最も適切な接続詞を、あとのア～クからそれぞれ一つずつ選び、記号で答えなさい。また、その接続詞の働きをa～gから選び、記号で答えなさい。〈16点＝2点×8〉

① 土曜日（　）日曜日に来てください。
② 彼《かれ》らは精一杯《せいいっぱい》戦った。（　）試合に勝った。
③ 彼らは精一杯戦った。（　）試合に負けた。
④ まず家に帰って、（　）、野球をしよう。
⑤ 飲食は自由です。（　）、ゴミは各自持ち帰ってください。
⑥ 彼は水泳が上手で、（　）足が速い。
⑦ みんなそろいましたね。（　）出かけましょう。
⑧ あの人はきっと来ます。（　）、約束をしたからです。

ア だから　イ では　ウ しかし　エ それから
オ または　カ また　キ ただし　ク なぜなら

a 順接　b 逆接　c 累加《るいか》　d 並立《へいりつ》
e 対比・選択《せんたく》　f 説明・補足　g 転換《てんかん》

① 　② 　③ 　④
⑤ 　⑥ 　⑦ 　⑧

8

次の各文中の――線部の語について、それぞれの品詞を答えなさい。〈28点＝2点×14〉

① 学校の帰りに、友達の家に寄った。
② ふるさとに帰り、夏休みを過ごした。
③ あの信号を右に曲がると市役所です。
④ あの、ちょっとお尋《たず》ねしたいのですが。
⑤ 近いうちに、また会いましょう。
⑥ この本はおもしろく、またためになる。
⑦ あの犬はなんて大きいのだろう。
⑧ 大きなビルが空き地に建った。
⑨ この先一体どうなっていくのだろう。
⑩ どの方法が一番いいと思いますか。
⑪ 森田《もりた》さん、お客さんがお見えですよ。
⑫ もしもし、三宅《みやけ》さんのお宅ですか。
⑬ 母の病気がしだいによくなってきた。
⑭ 教室内が、いっせいに静かになった。

① 　② 　③ 　④ 　⑤ 　⑥ 　⑦
⑧ 　⑨ 　⑩ 　⑪ 　⑫ 　⑬ 　⑭

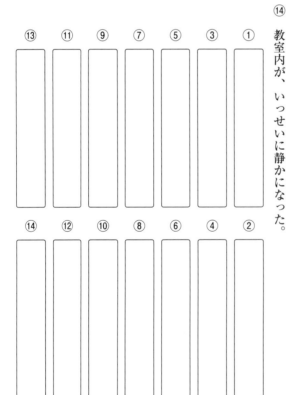

3

用言

用言には、動詞・形容詞・形容動詞の三つがある。
それぞれの活用のしかたを押《お》さえよう。

12 動詞①
―性質と働き

動詞の性質 ―― 動詞は、物事の動作(作用)・存在(「ある」「いる」など)などを表す単語で、次のような性質がある。

1 **自立語で、活用がある。**……例 書**か** ない。 書**き** ます。 書**く**。 書**け** ば。

2 単独で**述語となることができる。**……例 私は、作文を **書く**。

3 言い切りの形が、五十音図の**ウ段の音**で終わる。……例 書**く** 読**む** 見**る**

動詞の働き ―― 動詞は、次のような働きをする。

1 **述語になる**……単独で、または、いろいろな付属語《ふぞくご》を伴《ともな》って述語になる。

例 鳥が **鳴く**。 手紙を **書け**。 ▼単独の場合(終止形か命令形となる)。

鳥が **鳴い** た。 手紙を **書け** よ。 ▼付属語を伴っている場合。

2 **主語になる**……「の」と「が・は・も」を伴う。

例 朝に **走る** の は 気分が よい。

3 **修飾語**《しゅうしょくご》**になる**……単独で連体修飾語になる。

例 **走る** 習慣を 身に つける。

4 **接続語になる**……接続助詞を伴う。

例 **騒**《さわ》**ぐ** ので 聞こえない。

用語

▼**用言**《ようげん》 自立語で活用がある品詞は、**動詞**《どうし》**・形**《けい》**容詞**《ようし》**・形容動詞**《けいようどうし》の三つで、用言と呼ばれる。ここからはこれらの品詞を取り上げる。それぞれ活用というめんどうなものが出てくるから、じっくり腰《こし》をすえて勉強に取り組もう。

もっとくわしく

▼**さまざまな動詞** 動詞には、「書く」「読む」「見る」などのように、はじめから一つの単語であるもののほかに、次のように二つ以上の単語が組み合わさってできた動詞もある。

① 名詞＋動詞
例 名**づける** 旅**立つ**

② 動詞＋動詞
例 飛び**降りる** 思い**出す**

③ 形容詞の語幹《ごかん》＋動詞
例 近**寄る** 若**返る**

④ 接頭語《せっとうご》＋動詞
例 そら**とぼける** うち**あける**

⑤ 他の品詞に接尾語《せつびご》がついて動詞になったもの
例 春めく 苦しがる

必修問題

1 **《動詞》次の語群から動詞をすべて選び、記号で答えなさい。**

ア 書く　イ 青い　ウ 明るさ
エ 響《ひび》き　オ いる　カ 歌
キ 待つ　ク しばらく　ケ 届ける

2 **《動詞の識別》次の各文中から動詞をすべて抜《ぬ》き出し、それぞれ言い切りの形で示しなさい。**

① 人がめったに通らない谷間の急な山道を私は駆《か》け降りて行った。日は暮れてゆく時間となり、やがて空に浮《う》かぶ月がくっきり見えた。私は月に気を取られて足を踏《ふ》みはずすところだった。

② 人間、知り合ってみれば、どこか深いところで必ず共通している。それを知ったとき、感じたとき、快い驚《おどろ》きと喜びと親しみがわくものである。

3 **《動詞の働き》次の各文中の――線部の動詞を含《ふく》む文節は、どのような働きをしているか、あとのア～ウから選び、記号で答えなさい。**

① 友達と遊ぶのは楽しい。
② 彼《かれ》は、集中して話を聞いた。
③ 輝《かがや》く太陽がまぶしい。

ア 主語　イ 述語　ウ 修飾語

これでわかるコーチ

1 動詞の見分け方のポイントには、⑴**意味から**と、⑵**形から**との二つがある。

ポイント
意味が、動作(作用)や存在を表している。

「動作(作用)」を表すものはわかりやすいが、**「ある」「いる」**など「存在」を表すものに注意しよう。

ポイント
言い切りの形が次のどれかになる。 → **～く・～ぐ・～す／～つ・～ぬ・～ぶ／～む・～る・～う** ｝**ウ段の音**

右の**「く・ぐ・す・つ・ぬ・ぶ・む・る・う」**はすべて、五十音図のウ段の音である。**動詞はウ段の音で言い切る**から、これを使って見分けよう。

2 前問と同様の考え方でよいのだが、文中から動詞を抜き出す際に難しいのは、次のようなケースだ。

①の「駆け降りて行った」「暮れてゆく」では、どちらにも二つの動詞が含まれている。これらの場合、一つ一つの動詞をきっちり分けて、言い切りの形を考えることが大切だ。また、「駆け降りて」の部分は、「駆け」「降り」と二つに分けるのではなく、**一つの動詞**しかないことに注意しよう。

②では、「知り合ってみれば」「共通している」という二か所に注意しよう。

3 右ページ上段参照。ここでは、**動詞は単独でも修飾語の文節になる**ことを確認《かくにん》しておくこと。

答え

1 ア・オ・キ・ケ　**2** ①通る・駆け降りる・行く・暮れる・ゆく・なる・浮かぶ・見える・取る・踏みはずす　②知り合う・みる・共通する・いる・知る・感じる・わく・ある　**3** ①ア　②イ　③ウ

13 動詞②
―活用

活用――ほかの単語に続いたり、言い切ったりするとき、**単語の形が変わること**を**活用**という。動詞はすべて活用する。

例 **読む**……{本を 読ま ない。 本を 読も う。 本を 読み ます。 本を 読ん だ。
本を 読む。 本を 読む 時。 本を 読め ば。 本を 読め。}

例 **来る**……{学校へ こ ない。 学校へ き ます。 学校へ くる。
学校へ くる 時。 学校へ くれ ば。 学校へ こい。}

活用形――右に見るように動詞の形がいろいろに変わるが、その一つ一つを**活用形**という。活用形は、次の**六種類**にまとめられる。

未然《みぜん》形	ナイ・ウ・ヨウに続く形
連用《れんよう》形	マス・タ(ダ)に続く形
終止《しゅうし》形	言い切りの形
連体《れんたい》形	トキ・コトに続く形
仮定《かてい》形	バに続く形
命令《めいれい》形	命令の意味で言い切る形

動詞の活用形は、語形や下の語に続く語をもとに判断するんだよ。

このうち、**終止形**がその語の基本となる形なので、これを**基本形**という。

用語

▼**語幹《ごかん》と活用語尾《ごび》** 上の活用をよく見ると、変化しない部分と変化する部分があることがわかる。「読む」を例にとると、

● **変化しない部分**＝語幹
例 読《よ》

● **変化する部分**＝活用語尾
例 ま・も・み・ん・む・め

なお、「読む」には語幹と活用語尾の区別があるが、「来る」は語幹と活用語尾の区別がない動詞である。

● 「来る」の活用＝こ・き・くる・くれ・こい

もっとくわしく

▼**活用形につく言葉** 各活用形には、上の表で示したもの以外にも、次のようなさまざまな言葉が下につく。

● 未然形……れる(られる)・せる(させる)・ぬ
● 連用形……たい・て(で)・たり・ながら
● 終止形……らしい・と・から
● 連体形……体言・ようだ・の・のに・ので
● 仮定形……ども

必修問題

1 《活用》**次の各文中の(　　)にあてはまるように下の動詞を活用させて入れなさい。**

① 彼《かれ》は手紙を全然(　　)ない。　(書く)
② 彼女《かのじょ》は楽しそうに(　　)ます。　(話す)
③ あの電車に(　　)ば、間に合うだろう。　(乗る)
④ 自分の意志を(　　)ことは大切だ。　(持つ)

2 《語幹と活用語尾》**次の各語について、語幹(==)と活用語尾(——)とに分けなさい。**

① 泣く　② 呼ぶ　③ 知る　④ 移す
⑤ 産む　⑥ ある　⑦ 笑う　⑧ つぶやく

3 《活用形》**次の各文中の——線部の動詞の活用形を答えなさい。**

① 彼は中国語を話します。
② 明日雨が降れば、遠足は中止だ。
③ みんなでこの歌を歌おう。
④ 海で気持ちよさそうに泳ぐ。
⑤ 彼女は泳ぐことが得意だ。
⑥ 全力を出して走れ。

これでわかるコーチ

1 **下に続く語**に注目して、**動詞の最後の部分を活用させて考える**。ただし、③は「乗れれ」としてはいけない。これでも文の意味は通じるが、「乗れれ」とすると、「乗れる」という動詞を活用させたものとなるから誤りである。「乗る」を「ば」に続くように活用させると、「乗れ」となる。

2 示してある語は**基本形**(終止形)だから、下に**「ナイ・ウ(ヨウ)」**(未然形)、**「マス・タ」**(連用形)、**「トキ・コト」**(連体形)、**「バ」**(仮定形)などをつけて活用させてみる。そうすることで、**変化しない部分**(語幹)と、**変化する部分**(活用語尾)との区分を見きわめたい。

3 右ページ上段のまとめの表を覚えておこう。活用形を見分けるには絶対に必要な知識である。

ポイント

活用形は、下についている言葉によって見分ける。

だから、例えば④・⑤のように動詞の形は同じであっても、④は**言い切りなので終止形**、⑤は下に**「こと」がついているので連体形**だと見分けることができる。

答え

1 ①書か　②話し　③乗れ　④持つ
2 ①泣く　②呼ぶ　③知る　④移す　⑤産む　⑥ある　⑦笑う　⑧つぶやく
3 ①連用形　②仮定形　③未然形　④終止形　⑤連体形　⑥命令形

14 動詞③
—五段活用

「行く」の活用 —— 動詞「行く」について、六つの活用形を考えてみよう。

未然形……行か（ナイ）　行こ（ウ）
連用形……行き（マス）　行っ（タ）
終止形……行く〔言い切りの形〕
連体形……行く（トキ）
仮定形……行け（バ）
命令形……行け〔命令の意味で言い切る形〕

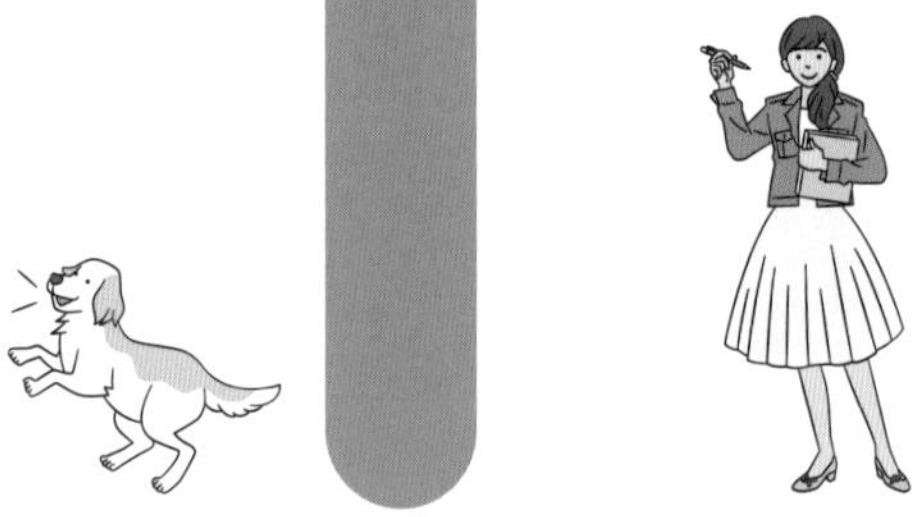

五段活用動詞は、未然形（「ない」に続く形）の活用語尾がア段の音になるよ。

この場合、活用語尾《ごび》は**「か・き・く・け・こ」**という、五十音図の五つの段にわたる。このような活用を**五段《ごだん》活用**という。

〔カ行の五つの段で活用するので、カ行五段活用という。〕

五段活用の活用表 —— 「行く」を例にして、五段活用の動詞の活用を表にまとめてみると、次のようになる。

基本形	語幹	未然形	連用形	終止形	連体形	仮定形	命令形
行く	行	—か —こ	—き —っ	—く	—く	—け	—け

用語

▼**音便《おんびん》**　五段活用の動詞は、「タ（ダ）」や「テ（デ）」などに続くときに、活用語尾が「い」「ん」「っ」のようになることがある。これを音便という。活用形では**連用形**に入れる。
- イ音便……例　書いて・泳いで
- 撥《はつ》音便……例　飛んで・読んで
- 促《そく》音便……例　帰って・思って

▼**五段活用の動詞の語例**

行	語例
カ行	書く・聞く・歩く・招く・気づく
ガ行	泳ぐ・防ぐ・騒《さわ》ぐ・急ぐ・くつろぐ
サ行	消す・話す・増す・流す・思い出す
タ行	待つ・打つ・勝つ・持つ・飛び立つ
ナ行	死ぬ
バ行	飛ぶ・運ぶ・呼ぶ・学ぶ・浮《う》かぶ
マ行	読む・休む・望む・飲む・惜《お》しむ
ラ行	散る・取る・祈《いの》る・ある・立ち寄る
ワ行	思う・歌う・洗う・笑う・向かう

必修問題

1 《五段活用》 **次の各文中から五段活用の動詞を、すべてそのままの形で抜《ぬ》き出しなさい。**

① 健康のために歩いて行け。
② 鉄は重たいので水に浮かばない。
③ 目をうっすらと開いて、周りを見回した。
④ 気に入った写真を台紙に貼《は》り付ける。
⑤ 彼女《かのじょ》は胸をつかんで離《はな》さなかった。
⑥ 命を落としてしまうような事態になる。

2 《活用と活用形》 **次の各文中の（　）内に、下の動詞を活用させて入れ、また、それぞれの活用形を答えなさい。**

① その器《うつわ》を（　）ば、金になるだろう。　（売る）
② 彼《かれ》はあまり自分の意見を（　）ない。　（言う）
③ 彼らは、空を（　）ことを夢見ていた。　（飛ぶ）
④ 休暇《きゅうか》は楽しく（　）う。　（過ごす）

3 《音便》 **次の各語の中で、音便の形があるものはそれを示し、音便名を答えなさい。また、音便の形がないものは×と答えなさい。**

① 降る　② 選ぶ　③ 消す
④ 渡《わた》す　⑤ 動く

これでわかるコーチ

1 **まず動詞を見つけ出す。** ここでは、言い切りの形ではなく、**そのままの形で抜《ぬ》き出すことに注意しよう。** また、③は「見回し」で一語であるから間違《まちが》えないこと。⑥「落としてしまう」の「しまう」も五段活用の動詞である。

次に、**五段活用の動詞の活用語尾**をすべて挙げる。

未然形	連用形	終止形	連体形	仮定形	命令形	行	語例
—か　—こ	—き　—い	—く	—く	—け	—け	カ行	書く・歩く
—が　—ご	—ぎ　—い	—ぐ	—ぐ	—げ	—げ	ガ行	泳ぐ・急ぐ
—さ　—そ	—し	—す	—す	—せ	—せ	サ行	探す・話す
—た　—と	—ち　—っ	—つ	—つ	—て	—て	タ行	立つ・待つ
—な　—の	—に　—ん	—ぬ	—ぬ	—ね	—ね	ナ行	死ぬ
—ば　—ぼ	—び　—ん	—ぶ	—ぶ	—べ	—べ	バ行	遊ぶ・呼ぶ
—ま　—も	—み　—ん	—む	—む	—め	—め	マ行	読む・飲む
—ら　—ろ	—り　—っ	—る	—る	—れ	—れ	ラ行	取る・決まる
—わ　—お	—い　—っ	—う	—う	—え	—え	ワ行	笑う・歌う

3 五段活用の動詞にも、音便の形をとらないものがある（右の表参照）。

ポイント
サ行五段活用の動詞には、**音便の形がない。**

答え

1 ①歩い・行け　②浮かば　③開い・見回し　④気に入っ　⑤つかん・離さ　⑥落とし・しまう・なる
2 ①売れ・仮定形　②言わ・未然形　③飛ぶ・連体形　④過ごそ・未然形
3 ①降っ・促音便　②選ん・撥音便　③×　④×　⑤動い・イ音便

15 動詞④
―上一段活用

「起きる」の活用 ―― 動詞「起きる」について、六つの活用形を考えてみよう。

未然形……起　き（ナイ・ヨウ）
連用形……起　き（マス・タ）
終止形……起　きる〔言い切りの形〕
連体形……起　きる（トキ）
仮定形……起　きれ（バ）
命令形……起　きろ・起　きよ〔命令の意味で言い切る形〕

活用語尾は、イ段の音に、終止形・連体形は「る」、仮定形は「れ」、命令形は「ろ」「よ」がつくよ。

この場合、活用語尾《ごび》は**「き・き・きる・きる・きれ・きろ・きよ」**となり、五十音図の**イ段だけで活用する**。このような活用を**上一段《かみいちだん》活用**という。

「カ行の「イ」段で活用するのでカ行上一段活用という。

上一段活用の活用表 ―― 「起きる」を例にして、上一段活用の動詞の活用を表にまとめてみると、次のようになる。

基本形	語幹	未然形	連用形	終止形	連体形	仮定形	命令形
起きる	起	―き	―き	―きる	―きる	―きれ	―きろ ―きよ

ここに注意

▼上一段活用の語幹《ごかん》　活用によって変化しない部分が語幹になる、と説明した（→p.40下段参照）が、上の活用表を見ると、上一段活用ではあてはまらない（あとに出る下一段活用も同じ）。これは、仮に変化しない「起き」の部分を語幹とすると、未然形・連用形の活用語尾がなくなってしまうので、「起」だけを語幹とするのである。

▼語幹と活用語尾の区別がつかない動詞
上一段活用の動詞には、**語幹と活用語尾の区別がつかないもの**がある。

例　居る　射る　似る　煮《に》る　見る　着る　干《ひ》る

▼上一段活用の動詞の語例

行	語例
ア行	居る・老いる・用いる・報《むく》いる
カ行	着る・起きる・生きる
ガ行	過ぎる
ザ行	恥《は》じる・閉じる・信じる・念じる
タ行	落ちる・朽《く》ちる・満ちる
ナ行	似る・煮る
ハ行	干る
バ行	滅《ほろ》びる・浴びる・伸《の》びる・大人びる
マ行	見る・試みる・顧《かえり》みる・しみる
ラ行	借りる・降りる・懲《こ》りる・足りる

必修問題

1 **《上一段活用》次の動詞の中から、上一段活用のものを選び、記号で答えなさい。**

ア 感じる　イ 舞《ま》う　ウ 延びる　エ 励《はげ》ます
オ にぎる　カ 満ちる　キ 泊《と》まる　ク 試みる

2 **《活用形》次の各文中の——線部の動詞の活用形を答えなさい。**

① 早く服を着ろ。
② 神を信じる者は救われる。
③ 人類が滅びれば地球に未来はない。
④ 現実を見ないと前には進めない。

3 **《活用表の作成》次の各語について、それぞれ活用させて表を完成させなさい。**

基本形	語幹	未然形	連用形	終止形	連体形	仮定形	命令形
①落ちる							
②生きる							
③用いる							
④似る							
⑤いる							

これでわかるコーチ

1 それぞれの動詞に、**「ナイ・マス・○・トキ・バ・○」**を順につけて活用させてみよう。例えば、ア・イについては次のようになる。

ア じ／じ／じる／じる／じれ／じろ・じよ→上一段と決まる。
イ わ／い／う／う／え／え→上一段ではない（五段活用だ）。

上一段活用の動詞の活用語尾は、次のようなパターンをとる。

イ段の音／イ段の音／イ段の音**る**／イ段の音**る**／イ段の音**れ**／イ段の音**ろ**　イ段の音**よ**

2 **動詞の形と、下に続く言葉から活用形を考える。**例えば、④の「見」は、未然形と連用形が同じ形。ただし、下に「ない」がついているから未然形だとわかる。

3 **語幹と活用語尾の区別がつかないものに注意する**（→p.44下段参照）。

Q&A

Q ④の「似る」や、⑤の「いる」は、語幹と活用語尾の区別はありますか。

A 確かに、語幹がないと言えます。したがって、活用表を作るときは、語幹の欄《らん》を空欄にしたり、○印をつけたり、「(似)」のように表したりしています。

答え

1 ア・ウ・カ・ク

2 ①命令形　②連体形　③仮定形　④未然形

3

①	落	—ち	—ち	—ちる	—ちる	—ちれ	—ちろ —ちよ
②	生	—き	—き	—きる	—きる	—きれ	—きろ —きよ
③	用	—い	—い	—いる	—いる	—いれ	—いろ —いよ
④	○	に	に	にる	にる	にれ	にろ によ
⑤	○	い	い	いる	いる	いれ	いろ いよ

16 動詞⑤
―下一段活用

「捨てる」の活用 ―― 動詞「捨てる」について、六つの活用形を考えてみよう。

未然形……捨　て（ナイ・ヨウ）
連用形……捨　て（マス・タ）
終止形……捨　てる〔言い切りの形〕
連体形……捨　てる（トキ）
仮定形……捨　てれ（バ）
命令形……捨　てろ・捨　てよ〔命令の意味で言い切る形〕

この場合、活用語尾《ごび》は**「て・て・てる・てる・てれ・てろ・てよ」**となり、五十音図の**エ段だけで活用する**。このような活用を**下一段《しもいちだん》活用**という。

〔タ行の「エ」段で活用するので、タ行下一段活用という。〕

五十音図の中央（ウ段）より下の一段（エ段）だけで活用するよ。

下一段活用の活用表 ―― 「捨てる」を例にして、下一段活用の動詞の活用を表にまとめてみると、次のようになる。

基本形	語幹	未然形	連用形	終止形	連体形	仮定形	命令形
捨てる	捨	―て	―て	―てる	―てる	―てれ	―てろ ―てよ

ここに注意

▼**下一段活用の語幹《ごかん》**　上一段活用と同様に、下一段活用の動詞にも、語幹と活用語尾《ごび》の区別がつかないものがある。

例　得る・出る・寝《ね》る・経る

▼**下一段活用の動詞の語例**

行	語例
ア行	考える・増える・得る・燃える
カ行	負ける・受ける・助ける・傾《かたむ》ける
ガ行	投げる・告げる・逃《に》げる・掲《かか》げる
サ行	見せる・伏《ふ》せる・やせる・着せる
ザ行	混ぜる
タ行	育てる・捨てる・建てる・当てる
ダ行	出る・なでる・ゆでる・奏《かな》でる
ナ行	寝る・尋《たず》ねる・重ねる・跳《は》ねる
ハ行	経る
バ行	調べる・述べる・食べる・浮《う》かべる
マ行	始める・閉める・決める・止める
ラ行	流れる・晴れる・入れる・おぼれる

必修問題

1 《下一段活用》**次の動詞の中から、下一段活用のものを選び、記号で答えなさい。**

ア 述べる　イ 座《すわ》る　ウ 降りる　エ 慣れる
オ 伸《の》びる　カ 伝える　キ 投げる　ク 帰る

2 《活用形》**次の各文中の――線部の動詞の活用形を答えなさい。**

① ここに書き留めることは重要だ。
② 思ったとおり正直に答えろ。
③ 明日、晴れれば町へ出よう。
④ ここに展示品を並べ、客の入場を待つ。

3 《活用表の作成》**次の各語について、それぞれ活用させて表を完成させなさい。**

基本形	語幹	未然形	連用形	終止形	連体形	仮定形	命令形
①束ねる							
②載《の》せる							
③求める							
④変える							
⑤出る							

これでわかるコーチ

1 それぞれの動詞に、**「ナイ・マス・○・トキ・バ・○」**を順につけて活用させてみよう。

ア べ／べ／べる／べる／べれ／べろ・べよ→下一段と決まる。
イ ら／り／る／る／れ／れ→下一段ではない（五段活用だ）。
ウ り／り／りる／りる／りれ／りろ・りよ→「り」はイ段の音だから下一段ではない（上一段活用だ）。

下一段活用の動詞の活用語尾は、次のようなパターンをとる。

エ段の音／エ段の音／エ段の音**る**／エ段の音**る**／エ段の音**れ**／エ段の音**ろ**　エ段の音**よ**

2 動詞の形と下に続く言葉から判断するのだが、④の場合はそれだけでは未然形か連用形か区別できない。これは、**いったん文を中止して、また続ける用い方**で、**中止法**と呼ばれるもの。

ポイント
中止法に用いられる活用形は、**連用形。**

答え

1 ア・エ・カ・キ　**2** ①連体形　②命令形　③仮定形　④連用形

3

①	束	―ね	―ね	―ねる	―ねる	―ねれ	―ねろ ―ねよ
②	載	―せ	―せ	―せる	―せる	―せれ	―せろ ―せよ
③	求	―め	―め	―める	―める	―めれ	―めろ ―めよ
④	変	―え	―え	―える	―える	―えれ	―えろ ―えよ
⑤	○	で	で	でる	でる	でれ	でろ でよ

17 動詞⑥
―カ変・サ変

「来る」「する」の活用 ―― 動詞「来る」「する」について、六つの活用形を考えてみよう。

未然形……こ（ナイ・ヨウ）　し（ナイ）　せ（ヌ）　さ（レル）
連用形……き（マス・タ）　し（マス）
終止形……くる〔言い切りの形〕　する〔言い切りの形〕
連体形……くる（トキ）　する（トキ）
仮定形……くれ（バ）　すれ（バ）
命令形……こい〔命令の意味で言い切る形〕　しろ・せよ〔命令の意味で言い切る形〕

この二つの動詞は、それぞれ**カ行・サ行で活用するが、変則的**である。そこで、**カ行変格活用（カ変）・サ行変格活用（サ変）**という。

カ変とサ変の活用表 ―― カ行変格活用（「来る」）とサ行変格活用（「する」）の活用を表にまとめてみると、次のようになる。

基本形	語幹	未然形	連用形	終止形	連体形	仮定形	命令形
来る	○	こ	き	くる	くる	くれ	こい
する	○	し せ さ	し	する	する	すれ	しろ せよ

もっとくわしく

▼**「〜する」もサ変**　「する」は名詞などと複合して、「〜する」の形で一つの動詞となることが非常に多い。これらもサ行変格活用の中に入れる。

例　うわさする　いたずらする
勉強する　成功する
罰《ばっ》する　察する
愛する　略する
信ずる　命ずる
重んずる　甘《あま》んずる
タッチする　ドライブする

右の例でわかるように、「〜ずる」という濁点《だくてん》がついたものもある。

ここに注意

▼**サ行五段活用との違《ちが》い**　連用形は同じ「し」の形になるので、言い切りの形（終止形）に直して確かめる。

必修問題

1 《カ変・サ変の動詞》 **次の各文中から、カ行変格活用の動詞・サ行変格活用の動詞をそのままの形で抜《ぬ》き出しなさい。**

① 彼《かれ》は、毎朝ジョギングをします。
② 旧友が久しぶりに私の家を訪ねて来た。
③ 君が来ないと何も始まらない。
④ 目標に向かって一生懸命《けんめい》努力する。

2 《カ変の活用》 **次の各文中の（　）内に、「来る」を適当に活用させた語をひらがなで入れ、その活用形を答えなさい。**

① ここに（　）ば、きっと楽しめるよ。
② 約束したのなら、彼は必ず（　）ます。
③ 君が（　）ときは、なぜかいつも雨が降る。
④ いくら待ってもあの人は（　）なかった。

3 《サ変の活用》 **次の各文中の（　）内に、「する」を適当に活用させた語を入れ、その活用形を答えなさい。**

① 式場であいさつを（　）た。
② 犬に散歩を（　）せる。
③ 後片付けも（　）ずに帰ってはいけません。
④ 会おうと（　）ば、きっと会えるだろう。

これでわかるコーチ

1 カ行変格活用（カ変）とサ行変格活用（サ変）の動詞は、次のように**限られている**ので覚えておこう。

ポイント
カ行変格活用 → 「来る」のみ
サ行変格活用 → 「する」「〜する」のみ

3 **動詞「する」には、未然形が三つ、命令形が二つある。** 特に未然形には注意を要する。

ポイント
サ変動詞の未然形 →
し……「ナイ」がつく場合
せ……「ヌ」「ズ」がつく場合
さ……「レル」「セル」がつく場合

なお、「し」は連用形でも用いられるので、**下に続く言葉から正しく活用形を判断しよう。**

プラスα **〈「愛す」と「愛する」の違い〉**

意味は全く同じだが、「愛す」と「愛する」では活用のしかたが異なる。

例 愛せばこそ憎《にく》い。（五段活用）
愛すればこそ憎い。（サ変活用）

ただし、「愛し」の形で文中に出てきたときは、基本形が「愛す（五段）」か、「愛する（サ変）」かは区別できない。

答え

1 ①し ②来 ③来 ④努力する **2** ①くれ・仮定形 ②き・連用形 ③くる・連体形 ④こ・未然形 **3** ①し・連用形 ②さ・未然形 ③せ・未然形 ④すれ・仮定形

18 動詞⑦ —活用の種類の見分け方

活用の種類の見分け方 —— 動詞の活用の種類を見分けるには、次のことを覚えておこう。

1 「来る」→カ行変格活用（カ変）

2 「する」・「〜する」→サ行変格活用（サ変）

3 右以外の動詞なら、**その動詞に「ナイ」をつけてみて、**

(1) **「ナイ」**のすぐ上がア段の音なら（例 行かナイ）→**五段活用**

(2) **「ナイ」**のすぐ上がイ段の音なら（例 起きナイ）→**上一段活用**

(3) **「ナイ」**のすぐ上がエ段の音なら（例 捨てナイ）→**下一段活用**

活用の種類が紛《まぎ》らわしい動詞 —— 形は似ているが、活用の種類が異なる動詞では、その違いを正しく見分けなければならない。

例
- 立つ……五段活用 / 立てる……下一段活用
- 集まる……五段活用 / 集める……下一段活用
- 信じる……上一段活用 / 信ずる……サ行変格活用
- 見る……上一段活用 / 見える……下一段活用
- 増える……下一段活用 / 増やす……五段活用
- 着る……上一段活用 / 着せる……下一段活用

ここに注意

▼ **語幹《ごかん》と活用語尾《ごび》の区別がつかない動詞**

「こ—ない」「し—ます」「い—よう」などと、一音だけで動詞となるものがあるので要注意。

語幹と活用語尾の区別がない動詞を次に一覧表にしておくので、覚えておこう。

来る	カ行変格活用
する	サ行変格活用
居る　射る　似る　煮《に》る　見る　着る　干《ひ》る	上一段活用
得る　出る　寝《ね》る　経る	下一段活用

必修問題

1 《活用の種類》 **次の動詞の活用の種類は、A五段活用・B上一段活用・C下一段活用・Dカ行変格活用・Eサ行変格活用のうちどれにあたるか。記号で答えなさい。**

① 逃《に》げる　② 老いる　③ 騒《さわ》ぐ　④ 着る
⑤ ある　⑥ 見つける　⑦ 知る　⑧ 旅行する
⑨ 来る　⑩ 見せる

2 《活用の種類・活用形》 **次の各文中の――線部の動詞について、その活用の種類と活用形を答えなさい。**

① 質問の意味がわからぬ。
② 自分の思いを友達に伝えよう。
③ 子どもは日光を浴びることが大好きだ。
④ これを理解すれば、後は簡単だ。
⑤ かわいい子どもを大切に育てる。
⑥ 手紙を読みながら、その場に泣きくずれる。
⑦ もう一度、自分の文章を見直そう。
⑧ 春よ、早く来い。
⑨ 時が過ぎ、記憶《きおく》はしだいに薄《うす》れてゆく。
⑩ 朝が来るまで、浜辺《はまべ》にいました。

これでわかるコーチ

1 右ページ上段の「見分け方」の例外を一つだけ示しておこう（⑤「ある」）。

ポイント
動詞「ある」には「ナイ」がつかないが、五段活用である。

2 試験では **「活用の種類」** を問われることも、**「活用形」** を問われることもある。混同しないで、それぞれの意味をしっかり押《お》さえておこう。

ポイント
活用の種類 → 「～活用」（例えば、五段活用）
活　用　形 → 「～形」（例えば、未然形）
と答える。

Q&A

Q ⑩の「いる」に「ナイ」をつけてみると、「い―ナイ」と「いら―ナイ」の両方ができるのですが、どちらが正しいのですか。

A 基本形が「いる」となる動詞は、**意味の違《ちが》いによって活用のしかたも違ってきます。** 活用には、次の二種類があります。

(1) ここに私がいる。（**存在する**の意）→ いない……**上一段活用**
(2) すぐにお金がいる。（**必要だ**の意）→ いらない……**五段活用**

⑩の場合は、右の(1)「存在する」の意味になります。

このように、意味の違いによって活用のしかたが違う動詞には、「着る」（上一段活用）と「切る」（五段活用）、「寝る」（下一段活用）と「練る」（五段活用）などがあります。

答え

1 ①C　②B　③A　④B　⑤A　⑥C　⑦A　⑧E　⑨D　⑩C

2 ①五段活用・未然形　②下一段活用・未然形　③上一段活用・連体形　④サ行変格活用・仮定形　⑤下一段活用・終止形　⑥五段活用・連用形　⑦五段活用・未然形　⑧カ行変格活用・命令形　⑨上一段活用・連用形　⑩上一段活用・連用形

19 動詞⑧ ―さまざまな動詞

自動詞と他動詞

ほかへの働きかけを表す動詞を**他動詞**、その動作・作用がほかにおよぶことがない動詞を**自動詞**という。

例
- 火が　**おこる**。……自動詞《じどうし》
- 火を　**おこす**。……他動詞《たどうし》
- 手紙が　**届く**。……自動詞
- 手紙を　**届ける**。……他動詞

補助動詞

ほかの語の下について、補助的な役割で使われる動詞を**補助動詞**、または、**形式動詞**という。これらの動詞は、本来もっていた意味は失われている。

例
- 置いて　**ある**。　笑って　**いる**。　やって　**みる**。　買って　**おく**。
- やって　**くる**。　教えて　**やる**。　読んで　**しまう**。

また、敬語《けいご》動詞といわれているものの中にも、補助動詞《ほじょどうし》として使われるものがある。

例
- 食べて　**いらっしゃる**。　読んで　**くださる**。……尊敬《そんけい》
- 遊んで　**あげる**。　話して　**さしあげる**。　教えて　**いただく**。……謙譲《けんじょう》

可能動詞

「書ける」「飛べる」のように、「～できる」という意味をもった、下一段活用の動詞を**可能動詞**という。（　）内に対応する五段活用の動詞を示す。

例　**読める**（←読む）　**打てる**（←打つ）　**作れる**（←作る）

ここに注意

▼**自動詞と他動詞の対応**　対応する自動詞と他動詞が必ずあるとは限らない。

① 同じ動詞が、自動詞にも他動詞にも使われるもの

例
- **人が**　笑う。……自動詞
- **人を**　笑う。……他動詞

② 対応する他動詞がないもの

例　ある　来る

③ 対応する自動詞がないもの

例　殺す　投げる

▼**補助動詞はひらがなで**　補助動詞は、その動詞本来の意味を失っているので、普通《ふつう》、**ひらがなで書く**。

もっとくわしく

▼**可能動詞《かのうどうし》の決まり**　可能動詞は、すべて下一段活用だが**命令形はない**。また、**五段活用以外の動詞からは作れない**。

最近、「着れる」「食べれる」のような言い方がよく用いられるが、「着る」＝上一段活用、「食べる」＝下一段活用だから、**文法的には誤用**なのである。正しくは、「着られる」「食べられる」である。

必修問題

1 《自動詞・他動詞》次の各動詞は、A自動詞・B他動詞のどちらか、記号で答えなさい。また、それぞれの自動詞・他動詞に対応する、他動詞・自動詞を答えなさい。

① 伝える　② 散る　③ 流す　④ 集める
⑤ 消える　⑥ 開ける　⑦ 出る　⑧ 並ぶ

2 《自動詞・他動詞》次の――線部の動詞は、自動詞・他動詞のどちらか答えなさい。

① ア 手紙が届けば、必ず電話をかけてくる。
　 イ 明日にはきっと届けてくれるだろう。
② ア 早く次へ進めてほしい。
　 イ 止まらずに、早く進め。

3 《補助動詞・可能動詞》次の各文中から、補助動詞と可能動詞をそのままの形で抜《ぬ》き出しなさい。

① もう少し自分で考えてみる。
② 人は空を飛べるのだろうか。
③ 宝物は大切にしまっておく。
④ これ以上のことは絶対に話せない。
⑤ 応援《おうえん》していただき、ありがとうございます。

これでわかるコーチ

ポイント 1 自動詞と他動詞の簡単な見分け方を示しておこう。

他動詞……目的語を表す「～を」がつけられる。
自動詞……目的語を表す「～を」がつけられない。

①の「伝える」は、「気持ちを」のように、目的語を表す「～を」がつけられるので、他動詞である。⑦の「出る」も「駅を出る。」とは言えるが、この「を」は目的語ではなく動作・作用の起点を示すため、他動詞ではない。

2 見かけは同じ形をしていても、活用形が違《ちが》い、言い切りの形も異なる語を見分ける問題である。活用表を作ると、その区別がよくわかる。

		基本形	語幹	未然形	連用形	終止形	連体形	仮定形	命令形
①	ア	届く	届	―か ―こ	―き ―い	―く	―く	―け	―け
	イ	届ける	届	―け	―け	―ける	―ける	―けれ	―けろ ―けよ
②	ア	進める	進	―め	―め	―める	―める	―めれ	―めろ ―めよ
	イ	進む	進	―ま ―も	―み ―ん	―む	―む	―め	―め

ポイント 3 補助動詞の見分け方は二つ。一つは**形から**、もう一つは**意味から**考える。

形から → **動詞の連用形＋て(で)＋補助動詞。**
意味から → **その動詞本来の意味を失っている。**

また、可能動詞は「～することができる」と言いかえられるもの。

答え

1 ①B・伝わる　②A・散らす　③B・流れる　④B・集まる　⑤A・消す　⑥B・開く　⑦A・出す　⑧A・並べる
2 ①ア自動詞　イ他動詞　②ア他動詞　イ自動詞
3 補助動詞―①みる　③おく　⑤いただき　可能動詞―②飛べる　④話せ

20 形容詞

形容詞の性質 ―― 形容詞は、物事の性質や状態を表す単語で、次のような性質をもっている。

1 **自立語で、活用がある。**

例 美し**かろ**う。 美し**かっ**た。 美し**く**なる。 美し**い**。 美し**い**とき、 美し**けれ**ば、

2 **単独で述語になることができる。** 例 花が**美しい**。

3 **言い切りの形が「い」で終わる。** 例 美し**い**。 よ**い**。 苦し**い**。

形容詞の活用表 ―― 「美しい」を例にとって、形容詞の活用を表にまとめてみると、次のようになる。なお、形容詞には**命令形がない**。

基本形	語幹	未然形	連用形	終止形	連体形	仮定形	命令形
美しい	美し	―かろ	―かっ ―く	―い	―い	―けれ	○

形容詞《けいようし》の活用のしかたは、右の一種類だけしかない。

もっとくわしく

▼**形容詞の音便《おんびん》** 形容詞も音便の形をとることがある。

① 連用形が、「ございます」「存じます」に続く場合、**活用語尾《ごび》の「く」が「う」に変化する。**

例 おもしろうございます。
→ おもしろく

右の例で、「う」は連用形の活用語尾「く」が転じたものである。このような形容詞の音便をウ音便という。

② **語幹《ごかん》の一部も変化する**ものがある。

例 おめでとうございます。
→→ おめでたく

用語

▼**補助《ほじょ》形容詞（形式形容詞）** もとの意味が薄《うす》れ、上の言葉を助ける意味に用いられる形容詞を、**補助形容詞**、または**形式形容詞**という。次の「ない」「ほしい」などがこれにあたる。

例 やって ない。
買って ほしい。

必修問題

1 **《形容詞の識別》次の各文中の——線部の語から、形容詞を選び、記号で答えなさい。**

① 鳥が楽し〔ア〕そうに鳴い〔イ〕ている。
② 彼《かれ》はたくましく〔ウ〕みえるが、実はとても気が弱い〔エ〕。
③ おそらく〔オ〕、明日は激しい〔カ〕雨が降る〔キ〕だろう。
④ 静かな〔ク〕海の上空を白い〔ケ〕カモメが飛ん〔コ〕でゆく。

2 **《活用・活用形》次の各文中の（　）内に、下の形容詞を活用させて入れ、また、それぞれの活用形を答えなさい。**

① 昨日の月は大変（　）た。（美しい）
② 今年の夏も（　）なるだろう。（暑い）
③ そんな服装では（　）う。（寒い）
④ あなたと別れても（　）ない。（さびしい）

3 **《音便》次の各語が「ございます」に連なるときは、どのような形になるか答えなさい。**

① つよい
② かたい
③ あぶない
④ おとなしい

これでわかるコーチ

1 形容詞を簡単に見分けるには、物事の性質・状態を表す単語の中で、**言い切りの形が「い」で終わる**ものを選ぶとよい。

ポイント
形容詞 ＝ 言い切りの形が「い」で終わる。

2 形容詞の活用形を見分ける方法は二つある。一つは、右ページ上段の活用表を覚えておく方法。活用が一種類しかないから有効である。

もう一つは、下に連なる言葉から判断する方法。下に連なる代表的な言葉を次に示しておこう。

	未然形	連用形	終止形	連体形	仮定形
おもな用法	ウに連なる	タ・タリ・ナル・ナイに連なる	言い切る	名詞・トキ・コト・ノニに連なる	バに連なる

注意すべきは、④のような**「ない」に連なる場合**である。

ポイント
「ナイ」に連なる活用形は
動詞の場合……未然形
形容詞の場合……連用形

なお、この場合、**動詞に連なる「ない」**は助動詞、**形容詞に連なる「ない」**は形容詞という違《ちが》いがある。

3 **形容詞の音便**はウ音便しかないが、活用語尾だけでなく**語幹の一部も変化する**ものには特に注意が必要である。

答え
1 ア・ウ・エ・カ・ケ
2 ①美しかっ・連用形 ②暑く・連用形 ③寒かろ・未然形 ④さびしく・連用形
3 ①つよう ②かとう ③あぶのう ④おとなしゅう

21 形容動詞

形容動詞の性質 ― 形容動詞は、形容詞と同じように、**物事の性質や状態を表す単語**で、次のような性質をもっている。

1 **自立語で、活用がある。**

例 きれい だろう。　きれい でしょう。
きれい だった。　きれい でない。　きれい になる。　きれい でした。
きれい だ。　きれい です。
きれい な とき、　きれい です ので、
きれい なら ば、

2 **単独で述語になることができる。**

例 山が きれいだ。　山が きれいです。

3 **言い切りの形が「だ」「です」で終わる。**

例 きれい だ。　きれい です。

形容動詞の活用表 ― 「きれいだ」「きれいです」を例にとって、形容動詞の活用を表にまとめてみると、次のようになる。なお、形容動詞には**命令形がない**。

基本形	語幹	未然形	連用形	終止形	連体形	仮定形	命令形
きれいだ	きれい	―だろ	―だっ ―で ―に	―だ	―な	―なら	○
きれいです	きれい	―でしょ	―でし	―です	―(です)	○	○

アドバイス

▼**「です」で終わる形容動詞《けいようどうし》**

古い文法の本では、形容動詞の言い切りの形は「〜だ」で終わるものだけと考えていた。

それに従えば、「きれいです」は、形容動詞「きれいだ」の語幹「きれい」に丁寧《ていねい》な断定の意味を表す助動詞「です」(→p.94参照)が付いたものということになる。

しかし、最近の学説では「きれいです」を形容動詞と認め、**「きれいだ」より丁寧な言い方の一語の形容動詞**としている。

もっとくわしく

▼**形容動詞の特別な活用のしかた**

① 「こんな(そんな・あんな・どんな)だ」には連体形がなく、体言などに連なる場合は語幹《ごかん》を用いる。

例 こんな**とき**　そんな**夢**

② 「同じだ」も、①の場合と同じだが、「の」「のに」「ので」に連なるときだけ「〜な」という活用語尾《ごび》の連体形が現れる。

例 同じ**日**　同じ**なので**

ただし「こんな」「そんな」「あんな」「どんな」「同じ」を連体詞とする説もある。

必修問題

1 《形容動詞の識別》 **次の各文中から形容動詞をすべて抜《ぬ》き出し、言い切りの形で答えなさい。**

① 彼女《かのじょ》はいつも元気で、活発だ。
② 大切なことを大げさに言うな。
③ 山の上はきっと静かだろうな。
④ 今日のテストはとても簡単でした。

2 《活用・活用形》 **次の各文中の（　）内に、下の形容動詞を活用させて入れ、また、それぞれの活用形を答えなさい。**

① 近くにスーパーがあれば、さぞ（　　）う。（便利だ）
② 今日はとても（　　）天気だ。（穏《おだ》やかだ）
③ あの時の決断力はとても（　　）た。（重要だ）
④ あの子は（　　）ない。（素直《すなお》だ）

3 《活用形》 **次の各文中の――線部の形容動詞の活用形を答えなさい。**

① 緊張《きんちょう》時ほど冷静になることが大切だ。
② 行いが立派ならばすばらしい人にちがいない。
③ 年が同じなのに若く見える。
④ 舌ざわりがなめらかで、とてもおいしい。

これでわかるコーチ

1 形容動詞を見分けるには、物事の性質や状態を表す単語の中で、**言い切りの形が「だ」「です」で終わる**ものを選ぶとよい。

ポイント
形容動詞＝言い切りの形が「だ」「です」で終わる。

また、形容動詞と似た形をしていても、形容動詞としての活用をしないものは形容動詞ではないという見分け方がある。

ポイント
「都会だ」→「都会な」と活用しない
「大きな」→「大きだ」と活用しない
「すでに」→「すでだ」と活用しない
} **形容動詞ではない。**

2 **形容動詞の活用形を見分ける方法は二つ**ある。一つは、右ページ上段の**活用表を覚えておく方法**。もう一つは、**下に連なる言葉を手がかりにする方法**。言い切りの形が「だ」になる形容動詞の下に連なる代表的な言葉を次に示しておく。

	未然形	連用形	終止形	連体形	仮定形
おもな用法	ウに連なる	タ・ナイ・ナルに連なる	言い切る	名詞・トキ・ノデ・ノニに連なる	バに連なる

なお、形容詞と同様に、形容動詞も**「ナイ」に連なる活用形**は、連用形となる。

3 前問と同じように、**活用語尾や下に連なる言葉から判断する**。③の「同じだ」の場合、下に「の」「のに」「ので」が連なるときだけ、連体形「同じな」という形が現れる。④は、文を一度中止してまた続ける**連用形の中止法**。

答え

1 ①元気だ・活発だ　②大切だ・大げさだ　③静かだ　④簡単です
2 ①便利だろ・未然形　②穏やかな・連体形　③重要だっ・連用形　④素直で・連用形
3 ①連用形　②仮定形　③連体形　④連用形

チェックテスト4

解答▼別冊 p.7〜9

得点　／100

1 次の①・②の詩の中から動詞（補助動詞を含《ふく》む）をすべて選び、それぞれ言い切りの形で答えなさい。〈18点＝9点×2〉

①
見る人が見たら
木は囁《ささや》いているのだ　ゆったりと静かな声で
木は歩いているのだ　空にむかって
木は稲妻《いなずま》のごとく走っているのだ　地の下へ
木はたしかにわめかないが
木は
愛そのものだ　それでなかったら小鳥が飛んできて
枝にとまるはずがない
正義そのものだ　それでなかったら地下水を根から吸いあげて
空にかえすはずがない

（田村《たむら》隆一《りゅういち》「木」による）

②
妹よ
今夜は雨が降っていて
お前の木琴《もっきん》がきけない

（金井《かない》直《ちょく》「木琴」による）

2 次の各文中の――線部の動詞「来る」の活用した形について、「来」の読み方とそれぞれの活用形を答えなさい。〈12点＝2点×6〉

① 今度来る時は、お皿を持ってきてね。
② もっと早く来れば、会えたのに。
③ 明日の朝、駅に来い。
④ お客様は来ます。
⑤ あの犬は、毎日わたしの家に来る。
⑥ まもなくメールでの連絡《れんらく》も来なくなった。

①　②　③　④　⑤　⑥

3 次の各文中の□に、下の（　）内の語を活用させて入れなさい。〈12点＝2点×6〉

① 手を□ば、届くかもしれない。（のばす）
② 何も□ずに祈《いの》っているばかりだ。（する）
③ 「好き嫌《きら》いばかり言わずに、さっさと□。」（食べる）
④ 今日一日起こったことを日記に□う。（書く）
⑤ うれしそうに外の景色を□ている。（ながめる）
⑥ 昨日、初めて着物を□た。（着る）

①　　②　　③　　④　　⑤　　⑥

4 次の空欄《くうらん》をうめて、活用表を完成させなさい。〈24点＝3点×8〉

基本形	語幹	未然形	連用形	終止形	連体形	仮定形	命令形
運ぶ							
居る							
落ちる							
する							
来る							
出る							
助ける							
ある							

5 次の各文中の――線部の動詞の活用形を答えなさい。〈18点＝2点×9〉

① おまえも頭を下げろ。
② 午前中に来れば、ゆっくりできたのに。
③ 何度やっても成功せず、悩《なや》んでいる。
④ 母は叫《さけ》びながら、汽車の窓を目で追った。
⑤ どうしても都会に住もうとしない。
⑥ 夜になると赤や黄色の電灯がつく。
⑦ 紅茶を飲む時は、砂糖を入れないでください。
⑧ 父の声が耳の底によみがえった。
⑨ 先に帰らせてもらえますか。

①　　②　　③　　④　　⑤　　⑥　　⑦　　⑧　　⑨

6 次の各動詞の活用の種類を答えなさい。〈16点＝2点×8〉

① 飛べる　② 祈る　③ 発明する　④ 追う
⑤ 用いる　⑥ 来る　⑦ あふれる　⑧ 似る

①　　②　　③　　④　　⑤　　⑥　　⑦　　⑧

チェックテスト5

解答▼別冊p.9〜11

得点　／100

1

次の各文中の――線部の動詞について、自動詞か他動詞かを答え、それぞれ自動詞は他動詞に、他動詞は自動詞に変えて文全体を改めなさい。〈20点＝5点×4〉

① 木の枝が折れる。
② 誕生日のプレゼントを届ける。
③ 夕食でピーマンを残す。
④ 全員が駅に集まる。

①
②
③
④

2

次の各動詞について、可能動詞ができるものを選び、順番に記号で答えなさい。〈12点〉

ア 使う　イ 働く　ウ 見る　エ 考える
オ 表す　カ 出かける　キ 言う　ク 進む
ケ 感じる　コ 逃《に》げる　サ 得る　シ 打つ

3

次の各文中から補助動詞を抜《ぬ》き出しなさい。〈8点＝2点×4〉

① 猫《ねこ》が顔を洗っている。
② 夕食を急いで食べてしまう。
③ わからなければ先生が教えてくださる。
④ しばらく走るのをやめておく。

①
②
③
④

4

次の各文中から形容詞と形容動詞をすべて、そのままの形で抜き出しなさい。〈16点＝8点×2〉

① 四年間人並《な》みに勉強はしたが、成績のいいほうでもないから、順位はいつでも下から数えるほうが楽であった。
② 美しい大きな布であれば、特別に珍《めずら》しいのでなくてもかまわない。

形容詞

形容動詞

5

次の各文中の□にふさわしい形容詞・形容動詞を、あとのア～コから選び、適当な形に活用させて答えなさい。〈20点＝2点×10〉

① 父にしかられるのが□て、黙《だま》っていた。
② この魚は今日買ったばかりなので、□。
③ この荷物は君には□うから、ぼくが持とう。
④ 見かけは強そうだけれど、本当は□人なんだよ。
⑤ その話が本当なら、ここに宝があるのは□う。
⑥ この高い山を越《こ》えれば、あとは□丘《おか》が続くだけだ。
⑦ 話が全然□ないので、みんな静かに聞かないんだ。
⑧ 病院で手当てをすれば、□なるそうだ。
⑨ 昨日は、□たので、公園で日光浴をした。
⑩ 君は、□服を買ってほしいの。

ア 元気だ　イ 暖かい　ウ 確かだ
エ おもしろい　オ 新鮮《しんせん》だ　カ 重い
キ どんなだ　ク か弱い　ケ なだらかだ
コ 怖《こわ》い

①　②
③　④
⑤　⑥
⑦　⑧
⑨　⑩

6

次の各文中の――線部の形容詞の活用形を答えなさい。〈12点＝2点×6〉

① 雲行きが怪《あや》しくなり、風が吹《ふ》いてきた。
② もう少し短ければ、箱に入ったのに。
③ 人柄《ひとがら》はよくなかったが、雇《やと》うことにした。
④ 厳しい寒さの中、足下《あしもと》でヒナを育てた。
⑤ この女性こそ、女王にふさわしかろう。
⑥ 都会では、見る物すべてが珍しい。

①　②　③
④　⑤　⑥

7

次の各文中の――線部の形容動詞の活用形を答えなさい。〈12点＝2点×6〉

① 大きくて持ち運びに不便なら置いていきなさい。
② 都会を離《はな》れて豊かに暮らしています。
③ 京都はけっこうな土地でございます。
④ 考える過程が重要で、答えはどうでもよい。
⑤ 山で見る星空は、とても神秘的だ。
⑥ いくらなぐさめても、彼女《かのじょ》の心は複雑だろう。

①　②　③
④　⑤　⑥

チェックテスト6

1 次に示した語のうち、音便《おんびん》の形になるのはどれか。音便の種類ごとに分けて、音便の形に活用させて答えなさい。〈12点＝3点×4〉

〔考える　聞く　違《ちが》う　居る　つらい　済む　示す　おもしろい　飛ぶ　持つ　鳴る　注ぐ　絶える　かつぐ〕

(例)　書く→イ音便「書い」　学ぶ→撥《はつ》音便「学ん」

イ音便

促《そく》音便

撥音便

ウ音便

2 次の各文中の――線部の用言を言い切りの形に直し、それぞれの品詞を答えなさい。〈16点＝2点×8〉

① 彼《かれ》の声量はア急激に　イ小さくなっていった。ウ情けない声を出して、「犬が怖《こわ》い」と言い始めた。そして彼は、少しエ離《はな》れた所に逃《に》げるように立ち去り、親しい友人にオ会いに行った。

② たまにそのカ奇妙《きみょう》な機械を　キいじらせてもらったが、あれは、暇《ひま》を持て余す私をクおとなしくさせるためだったのだろう。

ア　イ　ウ　エ　オ　カ　キ　ク

3 次の各文中の――線部の語について、その品詞と活用形をそれぞれ答えなさい。〈16点＝2点×8〉

① 自主的にゴミを拾うとは、感心な生徒だ。

② 「がんばれ。」と、声をかけられた。

③ 少しでも遅《おく》れれば、すべてが無駄《むだ》になる。

④ お年玉の使い方について寝《ね》ながら考えた。

⑤ そんなに塩を入れては辛《から》かろうに。

⑥ メロンがそんなに好きならば、買ってあげよう。

⑦ 手紙を知り合いに託《たく》す。

⑧ 子どもと動物には好かれるんです。

①　②　③　④　⑤　⑥

解答▼別冊 p.11〜13

得点　／100

⑦ ⑧

4

次の各文中の――線部の動詞の活用の種類は、あとのア～オの――線部の動詞のどれと同じか。それぞれ記号で答えなさい。〈5点＝1点×5〉

① 野球大会で、二年生のチームに加わった。
② 父は来ません。
③ 適切な文章表現に感心した。
④ 君と似た人に駅で出会ったよ。
⑤ あと百円ずつ集めれば、足りる。

ア 私にもお手伝いをさせてください。
イ 父が居間でくつろいでいる。
ウ 途中《とちゅう》でやめずに続けることです。
エ 明日は、八時に来い。
オ 本を閉じて、黒板を見なさい。

① ② ③ ④ ⑤

5

次の各文中の――線部の動詞について、その活用の種類と活用形を答えなさい。〈12点＝2点×6〉

① 失敗すると人に笑われるよ。
② 夕方に出かけ、朝、帰ってくる。
③ 迎《むか》えにくる時間を教えてください。
④ つまらないうわさなどせぬように。
⑤ 手紙を届けてきてください。
⑥ 信じれば、きっと気持ちは通じます。

① ② ③ ④ ⑤ ⑥

6

次の各文中の（　）内に入る最も適当な語を〔　〕から一つずつ選び、記号で答えなさい。〈5点＝1点×5〉

① 彼と一緒《いっしょ》に（　）よう。
〔ア くる　イ こ　ウ き〕
② もう人前で歌を（　）まい。
〔ア 歌わ　イ 歌い　ウ 歌う〕
③ 二度とガラスを（　）ぬように。
〔ア 割り　イ 割ら　ウ 割れ〕
④ 心配（　）ずにとにかく来なさい。
〔ア し　イ さ　ウ せ〕
⑤ 少し固いけれど（　）ますか。
〔ア 食べれ　イ 食べられ〕

① ② ③ ④ ⑤

7

次の各形容詞は、あとのア～カのどの形から成っているか。記号で答えなさい。〈8点＝1点×8〉

① 見苦しい　② 薄《うす》暗い　③ 腹黒い　④ 若者らしい
⑤ たのもしい　⑥ こ高い　⑦ 手がたい　⑧ あまずっぱい

ア 動詞＋形容詞　イ 接頭《せっとう》語＋形容詞
ウ 動詞＋接尾《せつび》語　エ 名詞＋接尾語
オ 名詞＋形容詞　カ 形容詞の語幹＋形容詞

①□　②□　③□　④□
⑤□　⑥□　⑦□　⑧□

8

次の各組の中から、性質の異なるものを一つ選び、その記号を答えなさい。また、あとにある文中の□内に、適当な語を入れて、選んだ理由になるように文を完成させなさい。〈計26点〉

① ア 走る　イ 死ぬ　ウ 貸す　エ かつぐ　オ 用いる
▼ほかの語がすべて[a]活用をする動詞であるのに対して、この語は[b]活用をする動詞であるから。

② ア 宿題をさせる　イ 立派でない　ウ さびしかった　エ 家にいます　オ 毎日運動している
▼ほかの語の活用形がすべて[c]形であるのに対して、この語は[d]形であるから。

③ ア やわらかな日ざし　イ 大きな人　ウ 正直な生き方　エ 元気なころ　オ 静かな湖
▼ほかの語がすべて[e]詞の[f]形であるのに対して、この語は連体詞である。

④ ア 走れる　イ 飛べる　ウ 打てる　エ 飲める　オ 決める
▼この語だけが[g]動詞でないから。

⑤ ア わく　イ 煮《に》える　ウ 借りる　エ 渡《わた》る　オ 離《はな》れる
▼ほかの語がすべて[h]動詞であるのに対して、この語は[i]動詞であるから。

⑥ ア 馬が小屋にいる　イ 犬がつながれている　ウ 居間に座《すわ》っている　エ 勉強している
▼この「いる」だけが[j]動詞でないから。

①□　②□　③□　④□　⑤□　⑥□　〈1点×6〉

a□　b□　c□
d□　e□　f□
g□　h□　i□
j□
〈2点×10〉

4

助詞

助詞は、いろいろな意味を添《そ》えて、文の組み立てを助ける語である。

22 助詞①
―助詞とは

助詞の性質 ―― 助詞には次のような性質がある。

1 付属語《ふぞくご》で、活用がない。
2 語句と語句や文と文の関係を示したり、いろいろな意味をつけ加えたりする。

助詞の種類 ―― 助詞を、働きによって分類すると、次の四種類に分けられる。

種類	語例	つく語	働き
格助詞《かくじょし》	が・の・を・に・へ・と・より・から・で・や	おもに体言	文節と文節との関係を示す
接続助詞《せつぞくじょし》	ば・から・ので・と・て・が・のに・けれど・ても・ものの・ながら・し・ところで	活用する語	前後の文節や文を接続する
副助詞《ふくじょし》	は・も・こそ・さえ・でも・しか・ほど・だけ・ばかり・まで・など・くらい・やら	いろいろな語	意味を加える
終助詞《しゅうじょし》	よ・な・なあ・の・か・ね・や・さ・ぞ	いろいろな語（おもに文末）	意味を加える

アドバイス

▼**「て・に・を・は」** 助詞は、「て・に・を・は」と呼ばれることもあり、いろいろな言葉の下について重要な働きをする単語である。

もっとくわしく

▼**助詞の働き**

① 格助詞
例 が……富士山《ふじさん》が、きれいだ。
「富士山」について、下の文節「きれいだ」との関係を示す。

② 接続助詞
例 ば……晴れれば、決行する。
「晴れれ」について、下の文節「決行する」に続ける働きをする。

③ 副助詞
例 は……私は、行きません。
ほかと区別する意味を添《そ》える。

④ 終助詞
例 よ……これはおもしろいよ。
文末について話し手の気持ちを表す。

必修問題

❶《助詞の識別》次の各文中から助詞をすべて抜《ぬ》き出しなさい。なお、( )内の数字は助詞の個数を示す。

① 私がみんなの先生です。(2)
② りんごもみかんもおいしいね。(3)
③ 歌を歌いながら、手を振《ふ》った。(3)
④ 私は、はだしで外へ飛び出した。(3)
⑤ 何度言われても、また忘れてしまった。(2)

❷《助詞の種類》次の各文中の――線部の助詞の種類を答えなさい。

① 子どもが走っています。
② あなたまでそんなことを言うの。
③ これで正しかったんだね。
④ 雨なのに遠足に行く。
⑤ 雨やあらしなど気にしない。

❸《助詞の識別》次の各文中の――線部が助詞かどうか答えなさい。

① 優《やさ》しくて素直《すなお》な人だ。
② 嫌《いや》な人にばったり会った。
③ 彼《かれ》はとても健康である。
④ あなたより背が高い。

これでわかるコーチ

❶ 助詞は、**ほかの言葉の下についている**。名詞についているものは見つけやすいだろう。動詞など用言についているものも確実に見分けられるようにしておこう。③の「ながら」、⑤の「ても」などにも慣れておくことが大切である。
また、次のような手順で、**助詞を見分ける**ことができる。

ポイント　助詞の見分けの手順
① 文を文節に分ける。
② 自立語を取り除く。
③ 残った付属語から活用しない語を探す。

❷ 同じ語形のものでも、「が」や「と」はそれぞれ格助詞と接続助詞に、「の」は格助詞と終助詞にある。だから、**助詞の種類**を答えるときは、**その助詞を含《ふく》む文節がどういう意味や働きをもっているかを考えること**が基本である。順に見てみると、次のようになる。
① 「が」は、その文節が主語であることを示している。
② 「まで」は、他を類推《るいすい》させる意味を示している。
③ 「ね」は、文の終わりにきて念を押《お》す意味を添えている。
④ 「のに」は、逆接《ぎゃくせつ》の意味を示している。
⑤ 「や」は、その単語が次の単語と並立《へいりつ》の関係であることを示している。

❸ **助詞かどうかを見きわめるには、ほかの品詞の一部であるかどうかを見分けることが大切となる。**例えば、②の「たり」は、それだけで単語になっているか、「ばったり」の一部であるかと考える。また、③では「健康」+「で」か、「健康で」の一語かを判断する。**できるだけ助詞を覚えて識別できるようにしよう。**

答え
❶ ①が・の ②も・も・ね ③を・ながら・を ④は・で・へ ⑤ても・て
❷ ①格助詞 ②副助詞 ③終助詞 ④接続助詞 ⑤格助詞
❸ ①助詞(接続助詞) ②助詞でない(副詞の一部) ③助詞でない(形容動詞の一部) ④助詞(格助詞)

23 助詞②
―格助詞

格助詞の働き ―― 格助詞は、おもに体言について、**その文節がほかの文節に対してどのような関係（資格）にあるかを示す。**次のような四つの働きがある。

働き	用例	語例
主語であることを示す	花**が** 咲《さ》く。	が・の
連体修飾語《しゅうしょくご》であることを示す	桜**の** 花。	の
連用修飾語であることを示す	花**を** 見る。	を・に・へ・と・より・から・で
並立《へいりつ》の関係であることを示す	梅**と** 桜。	と・や・の

の ―― 格助詞で一番注意したいのは「の」である。次の四つを覚えよう。

働き	用例	見分け方
連体修飾語を示す	来年**の**春に入学する。	体言が下に続く
主語を示す	港**の**見える丘《おか》。	「が」で言いかえられる
並立の関係を示す	死ぬ**の**生きる**の**と大騒《おおさわ》ぎする。	二つ並んで用いられる
体言と同じ資格にする	走る**の**が速い。この本は君**の**だ。	「こと」「もの」で言いかえられる

アドバイス

▼**格助詞《かくじょし》の使い方**　「犬□えさ□食べる」の二つの□に、いろいろな格助詞を入れてみよう。

(1) **犬がえさを食べる**（普通《ふつう》のこと）
(2) **犬のえさを食べる**（うえー？）
(3) **犬とえさを食べる**（並んで!?）
(4) **犬をえさに食べる**（ひどい！）
(5) **犬をえさが食べる**（えさって何？）

こんなに意味が違《ちが》ってくるのは、格助詞が体言について、その文節が文中でどういう働きをするかを決定しているからである。

もっとくわしく

▼**対象を表す「が」**　「が」は、主語であることを示すが、次のように対象を表す場合もある。

例 **ぼくは君が好きだ。**

▼**引用を示す「と」**　格助詞はおもに体言につくが、次のような「と」もある。

例 **「私は嫌《きら》い。」と大声で言う。**

引用を表す「と」は格助詞なのだ。

●**格助詞**

が・の・を・に・へ・と・より・から・で・や

必修問題

1 **《格助詞の識別》次の各文中から格助詞をすべて抜《ぬ》き出しなさい。**

① 妹が、私の帰りを待っている。
② 昨日から海へ釣《つ》りに出かけている。
③ 私と彼《かれ》は、親友です。
④ やるのやらないのとぐずぐず言う前にやってみろ。

2 **《「の」の用法》次の文中の――線部「の」と同じ用法のものを、あとのa～dから一つ選び、記号で答えなさい。**

▼この自転車は、私の妹のだ。

a 富士山《ふじさん》の見える日は、天気がいい。
b 数学の勉強をするのが嫌いだ。
c 行くの行かないのとわがまま言うな。
d 校長先生のお話があります。

3 **《「に」の意味・用法》次の各文中の――線部の格助詞「に」は、どんな意味を表しているか答えなさい。**

① 八時に学校へ行く。
② 全員が運動場に集合した。
③ 食堂へ昼食を食べに行った。
④ 父親にしかられた。

これでわかるコーチ

1 格助詞は数が限られているので覚えておくとよい。

ポイント
格助詞の覚え方 ＝ **鬼が戸より出、空の部屋**
（を・に・が・と・より・で・から・の・へ・や）

④は格助詞が四つ（三種類）ある。体言についていないものに気をつけよう。

2 テストによく出るのが、この「の」の識別。右ページ上段の表をしっかり頭に入れておこう。中でも間違えやすいのは、次の用法である。

ポイント
「こと」「もの」「のもの」で言いかえられる「の」 → **体言と同じ資格を表す。**（「準体助詞」という）

問題文の「妹のだ」は、「妹のものだ」と言いかえられるので、体言と同じ資格を示す。aは、「富士山が見える」と言いかえられるので、主語を示す。bは、「勉強することが嫌いだ」と言いかえられるので、体言と同じ資格を示す。cは、「行くの行かないの」と二つ並び、並立の関係を示す。dは連体修飾語を示す。

3 格助詞「に」は、連用修飾語であることを示すが、次のようにいろいろな意味を表す。問題文の四つはどれと同じかを考えてみよう。

(1) **場所**……例 駅**に**集まる。 (2) **時間**……例 六時**に**帰る。
(3) **目的**……例 釣り**に**行く。 (4) **帰着点**……例 東京**に**着く。
(5) **相手**……例 君**に**頼《たの》もう。 (6) **結果**……例 失敗**に**終わる。
(7) **受け身・使役《しえき》の対象**……例 犬**に**かまれた。弟**に**やらせる。

答え

1 ①が・の・を ②から・へ・に ③と ④の・の・と・に **2** b
3 ①時間 ②場所 ③目的 ④受け身の対象

24 助詞③

―接続助詞

接続助詞の意味

―― 接続助詞のついた文節は、おもに接続語(部)になる。その場合、接続助詞は次のような意味を示す。

意味	用例	語例
仮定の順接《じゅんせつ》	安ければ、買おう。	ば・と
仮定の逆接《ぎゃくせつ》	知っていても、教えない。	と・ても(でも)・ところで
確定の順接	寒いので、上着を着る。	ば・と・ので・から・て(で)
確定の逆接	熱があるのに、出かける。	ても(でも)・けれど(けれども)・が・のに
単純な接続・並立《へいりつ》	優《やさ》しくて、親切な人だ。	が・し・ながら・たり・て(で)

多様な働きの接続助詞

―― 接続助詞の中には、次のようにいくつかの働きをするものがある。

1 と

(1) 早く行かないと、母にしかられる。……仮定の順接
(2) なんと言われようと、私は平気だ。……仮定の逆接
(3) 窓を開けると、夜風が吹《ふ》き込《こ》んだ。……確定の順接

2 が

(1) 雨は降ったが、少しだった。……確定の逆接
(2) その話ですが、本当でしょうか。……単純な接続
(3) 野球もいいが、テニスもいい。……並立

「が」は「(けれど)けれども」と使い方がほぼ同じだよ。

用語

▼**仮定の順接** 想像上の事柄《ことがら》に対して、順当な事柄があとにくる。

▼**仮定の逆接** 想像上の事柄に対して、その逆(反対)の事柄があとにくる。

▼**確定の順接** 事実に対して、順当な事柄があとにくる。原因・理由になる場合が多い。

▼**確定の逆接** 事実に対して、その逆(反対)の事柄があとにくる。

もっとくわしく

▼**四つの働きをする接続助詞《せつぞくじょし》「て」**

① 確定の順接
例 風邪《かぜ》をひいて、寝《ね》こんだ。

② 単純な接続
例 雪もとけて、春が来た。

③ 並立を示す
例 この実は甘《あま》くて、おいしい。

④ 動詞・助動詞について補助《ほじょ》用言をあとに続ける。
例 兄があとについている。
泣き顔を見られてしまう。

● **おもな接続助詞**

ば・から・ので・と・て・が・のに・けれど・ても・ものの・ながら・し・ところで

必修問題

1 **《接続助詞の識別》次の各文中から接続助詞をすべて抜《ぬ》き出しなさい。**

① どんなことでも正直に話さないとだめですよ。
② 夜は静かなのに、勉強できない。
③ 窓を開けると寒いけれど、気持ちはいい。
④ 頭が痛いし、熱もあると医者に伝えた。

2 **《接続助詞の意味》次の各文中の――線部の接続助詞は、順接・逆接・並立のどれを示すか答えなさい。**

① あまりに暑いので、クーラーを入れた。
② 若いながら、しっかりしている。
③ 彼《かれ》は親切だが、彼女《かのじょ》も優しい。
④ たとえ断られても、あきらめません。

3 **《「と」の用法》次の文中の「と」と同じ用法のものを、あとのa～dから一つ選び、記号で答えなさい。**

▼走らないと電車に遅《おく》れてしまう。

a 私はなんと言われようと、かまわない。
b 友達とけんかをした。
c ストーブをつけると、暖かくなった。
d 雪がやまないと帰れない。

これでわかるコーチ

1 接続助詞は、おもに用言と助動詞につくので、ほかの種類の助詞と区別がしやすい。例えば、①の「でも」は名詞についているから接続助詞ではない（副助詞）。②の「のに」は用言（形容動詞）についているので、接続助詞とわかる。ただし、**引用を示す格助詞の「と」**は文や文相当の語句を受けるので、④のように用言につくことが多く、**接続助詞の「と」と紛《まぎ》らわしい**。**直前までのひと続きの部分を「　」でくくることができれば引用を示す格助詞の「と」**である。

ポイント
格助詞 ―→ 主として体言につく。
接続助詞 ―→ 主として用言・助動詞につく。

2 順接・逆接はともに、仮定と確定の場合があることを頭に入れておこう。

Q&A

Q 順接か、逆接かを見分けるのに、なにかよい方法はないのでしょうか。

A 順接は、「雨が降れば行かない」「雨が降るから行かない」のように、**前の事柄が原因・理由となって、あとにその順当な結果がくる**場合をいい、逆接は、「雨が降っても行こう」「雨が降るけれども行こう」のように、**前の事柄に対してあとに順当でない結果がくる**場合をいいます。見分けるポイントは、接続助詞の前後にある事柄が、順当なつながりかどうかということです。

3 接続助詞「と」には、**仮定の順接・仮定の逆接・確定の順接**の三つの意味がある。「と」以外の言葉で置きかえてみると意味がつかみやすい。aは**仮定の逆接で「とも」**、cは**確定の順接で「～したところ」**、dは**仮定の順接で「ならば」**と言い直せる。bは相手を示す格助詞の「と」。

答え

1 ①と ②のに ③と・けれど ④し
2 ①順接 ②逆接 ③並立 ④逆接
3 d

25 助詞④
——副助詞

おもな副助詞

——副助詞は、いろいろな語について**さまざまな意味を添える**もので、数多くある。次に代表的なものを挙げておこう。

語	意味	用例
は	①他と区別する意味を示す	私**は**行きません。
	②強調の意味を示す	やって**は**みたが、だめだった。
	③繰《く》り返しを示す	公園へ行って**は**遊ぶ。
も	①同類であることを示す	私**も**行きます。
	②強調の意味を示す	雪が一メートル**も**積もった。
	③並立《へいりつ》を示す	顔**も**手**も**まっ黒になった。
さえ	①他を類推《るいすい》させる意味を示す	散歩**さえ**できない。
	②限定を示す	これ**さえ**あればよい。
	③添加《てんか》を示す	雨**さえ**降り出した。
まで	①他を類推させる意味を示す	子どもに**まで**笑われる。
	②限定を示す	本音を言った**まで**のことだ。
	③添加を示す	雨**まで**降り出した。
ばかり	①程度を示す	費用は五百円**ばかり**必要だ。
	②限定を示す	自分のこと**ばかり**言う。
	③完了《かんりょう》してまもないことを示す	今帰った**ばかり**です。

アドバイス

▼**副助詞《ふくじょし》が加える意味**　副助詞の「副」は「添《そ》える」という意味で、副助詞を省いても文の意味に変わりがない場合もある。次の文の意味を比べてみよう。

例 みかんを食べる。
みかんは食べる。
みかんも食べる。
みかんさえ食べる。
みかんまで食べる。
みかんばかり食べる。

最初の「を」は格助詞で、それ以外は全部副助詞である。

もっとくわしく

▼**重ねて用いる副助詞**　副助詞は次のように二つ重ねて用いることもある。

例 口**さえも**きけなかった。
一つ**だけしか**あげないよ。

●**おもな副助詞**

は・も・こそ・さえ・でも・しか・ほど・だけ・ばかり・まで・など・くらい・やら・きり・か・なり

必修問題

1 **《副助詞の識別》 次の各文中から副助詞をすべて抜《ぬ》き出しなさい。**

① メールは一日に三回来ることもあった。
② 今度こそやりとげてみせます。
③ あなたの気持ちは私にしかわからない。
④ 三十分だけでも勉強しなさい。

2 **《「も」の意味・用法》 次の各文中の――線部「も」の意味を、あとのア～ウからそれぞれ選び、記号で答えなさい。**

① 寒くて手も足もふるえている。
② おもちを四つも食べたの。
③ 彼《かれ》もテニス部員だったのね。

ア 同類　イ 強調　ウ 並立

3 **《「ばかり」の意味・用法》 次の文中の「ばかり」と同じ意味のものを、あとのa～dから一つ選び、記号で答えなさい。**

▼頼《たよ》ってばかりいないで自分でやれ。

a 費用は、百円ばかり多くかかった。
b 今、仕事から帰ったばかりです。
c 親のことばかり考えている。
d ごはんを食べ始めたばかりです。

これでわかるコーチ

1 **副助詞**は、主として体言につく格助詞や、主として用言・助動詞につく接続助詞と違《ちが》って、**いろいろな語につく**ので、上にある語から判断するのは難しい。ただ、副助詞は数が限られているので、次の**十六個をまる覚え**してしまうとよい。

ポイント
副助詞を覚えよう ＝ は・も・こそ・さえ・でも・しか・ほど・だけ・ばかり・まで・など・くらい・やら・きり・か・なり

また、副助詞は、**なくても文意が通じるという性質のものが多い**。これも知っておこう。

「は」は格助詞のように一定の関係を示すものではないので副助詞である。①と③に出てくる。④の「でも」も副助詞。ただし、「でも」は副助詞以外のものもあるので注意しよう(→p.76下段参照)。

2 **「も」には三つの意味がある**が、③のように、同類のうちの一つであることを示すものに注意する。

3 **「ばかり」にはいろいろな意味がある**が、右ページ上段に示した**三つの意味が特に重要**である。この三つ以外には、「それだけが原因や理由であることを示す」といった意味などがある。
「頼ってばかり」の「ばかり」は限定を示している。動作が完了してまもない意味のb・dとの識別は難しくない。aは程度を示す「ばかり」である。

答え
1 ①は・も　②こそ　③は・しか　④だけ・でも
2 ①ウ　②イ　③ア
3 c

26 助詞⑤
―終助詞

終助詞の意味

―終助詞は、文の終わり、すなわち述語(部)につくことが多く、**話し手の気持ちを表す働き**をする。次におもな終助詞とその意味を示しておこう。

意味	用例	語例
疑問	彼《かれ》も行くだろう**か**。	か・の
反語	そんなことがあるもの**か**。	か
禁止	道路で遊ぶ**な**。	な
感動	きれいな空だ**なあ**。	な・なあ・や・か
念を押《お》す	これでいいんだ**ね**。	よ・ぞ・ね
呼びかけ	太郎《たろう》**や**、早く行こう。	よ・や
軽い断定	失敗もある**さ**。	さ・の

終助詞は文の終わりや文節の切れ目について、いろいろな意味を添《そ》えるよ。

か

―終助詞には特に難しい意味のものはないが、「か」について次の三つの意味を覚えておこう。

か
(1) どこに行くの**か**。……疑問・質問
(2) そんな言い方がある**か**。……反語
(3) どんなに心配したこと**か**。……感動

アドバイス

▼**「疑問」「反語」「禁止」の終助詞《しゅうじょし》** 日本語は最後まで聞かないとわからない、とよく言われるが、それは文末近くに話し手の意志を表す言葉が来ることが多いからである。その一つが終助詞である。特に疑問・反語・禁止には要注意。その語一つで、文の意味が全く変わってしまう。

もっとくわしく

▼**女性が用いていた終助詞** おもに女性が用いていた次のような終助詞は、最近はしだいに使われなくなりつつあるようである。

例 これでいいのかしら。(疑問)
なんておいしいこと。(感動)
私もそう思いますわ。(軽く念を押す)
だって、怖《こわ》いんですもの。(理由)

ちなみに「わ」は、感動・詠嘆《えいたん》や軽く念を押す意味を示し、しり下がりの抑揚《よくよう》で男性も用いる。

● **おもな終助詞**

よ・な・なあ・の・か・ね・や・さ・ぞ

必修問題

❶《終助詞の識別》次の各文中から終助詞をすべて抜《ぬ》き出しなさい。

① 君の言うとおりだね。
② いいかげんに考えるな。
③ 私がね、さっき言ったの。
④ ちょっとからかっただけさ。
⑤ 友よ、気持ちはわかっているぞ。

❷《「か」の意味・用法》次の文中の――線部「か」と同じ意味のものを、あとのa～dから一つ選び、記号で答えなさい。

▼私だけが怠《なま》けていてよいのだろうか。

a 一緒《いっしょ》に来てくれませんか。
b やっぱり失敗だったか。
c こんな私とだれが踊《おど》ってくれようか。
d この絵はあなたが描《か》いたのですか。

❸《終助詞の意味》次の各文中の――線部の終助詞の意味を答えなさい。

① このことは友達に決して言うな。
② なぜそんなことをするの。
③ 桜の木を折ったのはおまえだね。
④ ああ、雪が降ってきたな。

これでわかるコーチ

❶ **終助詞**はその名のとおり、**普通《ふつう》は文の終わりにつく**ので、まず**文末を見る**とよい。
ただし、文の途中《とちゅう》の文節の切れめにつくものもある。③と⑤にこれが一つずつある。

❷「怠けていてよいのだろうか」は、怠けていてよいかどうかをだれかに尋《たず》ねているのではない。「怠けていてはまずい、よいわけがない」という反対の意味を強めて表している。このような「か」の意味を**反語**という。

ポイント
反語……結果として打ち消しを表している。

cの「だれが踊ってくれようか」は、「だれも踊ってくれるはずがない」の意だから反語だが、bは「失敗だった」が事実で、「か」はそれを感動をもって表す意味をもっている。なお、a・dは単なる疑問・質問である。

❸ 終助詞の意味を考えるときは、その**終助詞を取り去った文と比較《ひかく》して**みるとよい。

例 その本を読む。↔
- その本を読む**の**。**（疑問・軽い断定）**
- その本を読む**ね**。**（念を押す）**
- その本を読む**な**。**（禁止）**

答え
❶ ①ね ②な ③ね・の ④さ ⑤よ・ぞ
❷ c
❸ ①禁止 ②疑問 ③念を押す ④感動

27 助詞⑥
―助詞のいろいろ

二つの働きをもつ助詞 ― 同じ語形でも、種類の異なるもの、助詞＋助詞の形であるものなど二つの働きをもつものがある。

が
- ① 格助詞《かくじょし》 例 自転車に乗った中学生**が**、やってきた。
- ② 接続助詞《せつぞくじょし》 例 お正月は来た**が**、楽しくもない。

で
- ① 格助詞 例 ナイフ**で**手を切った。
- ② 接続助詞 例 お茶を飲ん**で**お菓子《かし》を食べる。

と
- ① 格助詞 例 駅ビルのレストランでおじさん**と**食事をした。
- ② 接続助詞 例 ベルが鳴り終わる**と**、電車はゆっくり動き始めた。

から
- ① 格助詞 例 不当な判決**から**暴動が起こった。
- ② 接続助詞 例 危ない**から**そんなことはやめなさい。

の
- ① 格助詞 例 私が作った**の**は、これです。
- ② 終助詞《しゅうじょし》 例 君だけがなぜ行かない**の**。

か
- ① 副助詞《ふくじょし》 例 彼《かれ》はなぜ**か**少しも話さなかった。
- ② 終助詞 例 昨日、二人はどこへ行ったの**か**。

のに
- ① 格助詞＋格助詞 例 もっと大きい**の** **に**入れないと、入らない。
- ② 接続助詞 例 何も知らない**のに**、知ったふりをする。

ので
- ① 格助詞＋格助詞 例 もっと太い**の** **で**書きなさい。
- ② 接続助詞 例 とても遠い**ので**、たどり着けない。

もっとくわしく

▼ **二つ以上重ねて用いられる助詞**

例 雨さえ**も**降り出した。（副助詞＋副助詞）
山に**は**雪が積もった。（格助詞＋副助詞）

ここに注意

▼ **「でも」の識別** 上段の「のに」「ので」のように、助詞が重ねて用いられたものと、一語の助詞とが同じ語形である場合には、気をつけよう。なかでも「でも」には特に注意が必要である。

例
- a テレビで**も**報道する。（格助詞＋副助詞）
- b テレビでも見ようか。（副助詞）
- c いくら踏《ふ》んでもつぶれない。（接続助詞）
- d 遊んで**も**いい。（接続助詞＋副助詞）

必修問題

1 **《助詞の種類》次の各文中の——線部の助詞の種類を答えなさい。**

① 友達からa手紙が来たからb返事を書いた。
② いくら結んでもc、ほどけてしまう。
③ あの青いのがd、私の自転車なのe。
④ 雨がf降ってきたがg、傘《かさ》がない。

2 **《助詞の意味・用法》次の各組の——線部の語の中から、ほかと異なる種類のものを一つ選び、記号で答えなさい。**

①
a よくかんで食べなさい。
b 学校まで自転車で行く。
c 大雪で学校へ行けなかった。

②
a 氷がとけて水となる。
b 「おーい」と、呼びかけた。
c 春になると、暖かくなる。

③
a そんなこと、私でもわかるわ。
b 明日大阪でも音楽会がある。
c 暑いから水でも飲もうか。

④
a 傘を持っていないのに雨が降ってきた。
b 壁紙《かべがみ》の色は、もっと明るいのにしよう。
c 夏休みなのに学校へ行くの。

これでわかるコーチ

1 ①の「から」、④の「が」は、ともに**格助詞か接続助詞かを識別する**問題。**格助詞はおもに体言につき、接続助詞はおもに用言や助動詞につく**ということを思い出そう。
②の「でも」は右ページ下段を参考にすればよいが、それを見る前に自分で考えてみよう。まず、「結ぶ」という行為と「ほどけてしまう」という**結果が逆接の関係にある**という点に注目しよう。さらに、「結ん」と**直前が動詞の音便《おんびん》形であること**を確認《かくにん》すること。
③のdは、**体言と同じ資格にする用法**の「の」である。

2 一つずつ確認してみよう。
① aの「で」だけが動詞についている。これは接続助詞。bとcは名詞についているので格助詞。
② aの「と」は結果を示す格助詞。bの「と」は、引用を示す格助詞。cだけが接続助詞である。
③ bの「でも」は「も」を省いても「大阪で音楽会が……」となって文意が通じる。したがって、「も」は意味を添《そ》える副助詞である。そして、「で」は場所を示す格助詞であることがわかる。aとcは一語の副助詞。aは他を類推する意味で、cは例示の意味。
④ bの「のに」は、「ものに」の意。「の」は体言と同じ資格にする用法の格助詞。「に」は格助詞。aとcは一語の接続助詞。

答え

1 ①a格助詞　b接続助詞　②c接続助詞　③d格助詞　e終助詞　④f格助詞　g接続助詞

2 ①a　②c　③b　④b

チェックテスト7

解答▼別冊p.14～15

得点　　／100

1

次の各文から助詞をすべて抜《ぬ》き出しなさい。ただし、（　）内の数字は助詞の個数を表している。〈15点＝3点×5〉

① 私は妹と学校へ行きます。（3）
② 私にこの本をくれるの。（3）
③ 山の静かな雰囲気《ふんいき》にひたる。（2）
④ 薬さえ飲めばよくなりますよ。（3）
⑤ ぼくと君とでやらないとだめだ。（4）

①　②　③　④　⑤

2

次の各文中の――線部の助詞の種類を答えなさい。〈15点＝3点×5〉

① 鉛筆《えんぴつ》よりボールペンがよい。
② 服を汚《よご》された客は激怒《げきど》した。
③ たくさんの人を助けたのか。
④ 風邪《かぜ》をひいて学校を休んだ。
⑤ 何もしていないのに、疑われた。

①　②　③　④　⑤

3

次の各文中の――線部「の」は、どんな意味を示しているか。あとのア～エから選び、記号で答えなさい。〈10点＝2点×5〉

① 兄の通った中学校へ私も行く。
② お金を貸したの貸さなかったのと騒《さわ》いでいる。
③ 子どものころは幸せだった。
④ いつもうそをつくのが、困る。
⑤ 君たちの望みはかなったはずだ。

ア 連体修飾《しゅうしょく》語を示す　**イ** 主語を示す
ウ 並立《へいりつ》の関係を示す　**エ** 体言と同じ資格にする

①　②　③　④　⑤

4

次の各文から格助詞のついた文節をすべて抜き出し、その格助詞がそれぞれどんな関係（資格）を示すか、あとのア～エから選び、記号で答えなさい。〈16点＝4点×4〉

① 犬の散歩は運動です。
② 京都や奈良へ行きます。
③ その小さな部屋で演奏会があった。
④ アブとハチの区別もつかないのか。

ア 主語を示す　**イ** 連体修飾語を示す
ウ 連用修飾語を示す　**エ** 並立の関係を示す

①

②

③

④

5 次の各文中の――線部の接続助詞は、A順接・B逆接・C並立のどれを示すか、記号で答えなさい。〈18点＝3点×6〉

① いくら手紙を書いても返事が来なかった。

② 案内板がないから道がわからない。

③ 犯人を知っていながら黙《だま》っているとは何事だ。

④ この家は明るくて広いからいいですね。

⑤ 体がだるくて学校を休んだ。

⑥ 雨が降ったりやんだりで嫌《いや》になる。

① ② ③ ④ ⑤ ⑥

6 次の各文中の――線部「が」は、どんな意味を示しているか。あとのア～ウから選び、記号で答えなさい。〈9点＝3点×3〉

① 一週間考えたが、結論は出なかった。

② 札幌《さっぽろ》の冬は寒いが、青森も寒い。

③ 失礼ですが、あなたはどなたですか。

ア 確定の逆接　イ 単純な接続　ウ 並立

① ② ③

7 次の各組の――線部の副助詞の中で、ほかのものと意味の異なるものを一つ選び、記号で答えなさい。〈12点＝3点×4〉

①
ア 濃《こ》い霧《きり》のために自分の足下《あしもと》さえ見えない。
イ 強い雨に加えて、風さえ激しくなってきた。
ウ 足が痛くて歩くことさえできない。

②
ア ひと抱《かか》えもある大きな柱だった。
イ 野菜の煮汁《にじる》も、スープとして利用する。
ウ 私だけでなく、私の一家も笑われる。

③
ア 今日のテストで八十点はとれたと思う。
イ 彼《かれ》のことを許しはしないでしょう。
ウ 家へやって来てはお金を借りて帰る。

④
ア 小雨《こさめ》のせいばかりでなく、村全体がやけに寂《さび》しい。
イ ほんの少しばかりの蓄《たくわ》えならあります。
ウ この程度の修理なら三日ばかりあればできます。

① ② ③ ④

8 次の文中の――線部の終助詞「か」と同じ意味のものをあとのア～ウから選び、記号で答えなさい。〈5点〉

● 明日の天気は晴れるのか。

ア 何か探しているのですか。
イ いつもそばかりついていていいのか。
ウ やはり、そうだったのか。

解答▼別冊p.15～18

チェックテスト8

得点　／100

1

次の各文中から助詞を抜《ぬ》き出し、種類ごとに分類して書きなさい。二度以上出てくるものも、出てくる順にすべて答えなさい。〈20点＝5点×4〉

① 「春になったぞ。」という喜びを表現しています。
② 兄と私は、先生一人だけの分校にいた。
③ 頭がふらふらするのに、学校まで行った。
④ 家に帰ると、だれもいなかったよ。
⑤ 前日に勉強すれば、こんな問題ぐらい解けたはずだ。

格助詞	
接続助詞	
副助詞	
終助詞	

2

次の各問いに答えなさい。〈計13点〉

① 次の文中の――線部「から」の意味・用法として正しいものを、あとのア～エから選び、記号で答えなさい。〈2点〉

● 宿題がすんでから遊びに行きなさい。

ア 原因・理由を示す　イ 決意・断定を示す
ウ 起点・出発点を示す　エ 原料・材料を示す

② 次の各文中の――線部「に」と同じ働きをもつものを、あとのア～カから選び、記号で答えなさい。〈4点＝2点×2〉

A 彼女《かのじょ》は、親友に出来事の一部始終を話した。
B それは、さぎ師にだまされたふりをする作戦だった。

ア 成功に終わる　イ 十時にもどる
ウ 走りに走る　エ 犬にかまれる
オ 父親に頼《たの》む　カ 駅に集まる

A　B

③ 次の文中の――線部「で」と同じ意味・用法のものを、あとのア～エから選び、記号で答えなさい。〈2点〉

● 近くを走る電車の騒音《そうおん》で眠《ねむ》れない。

ア 家の中で、簡単なパーティーを開いた。
イ 大阪まで電車で行く。
ウ 今年で中学生活も終わりだ。
エ それぐらいのことでくじけるな。

④ 次の文中の――線部「ながら」と同じ意味・用法のものを、あとのア～エから選び、記号で答えなさい。〈2点〉

● 「申しわけない」と言いながら、改める様子がない。

ア そのことを念頭におきながら考える必要がある。
イ 弟でありながら、兄にたてつくとは何事だ。
ウ よい知らせを聞き、泣きながら拳《こぶし》を上げて喜んだ。
エ 小さな声でささやきながら近づいてきた。

⑤ 次の文は、A・Bの「が」の使い方が原因で意味が曖昧《あいまい》になっている。意味をはっきりさせるために、A・Bを別の語で言いかえるとすると、あとのア～エのどの組み合わせがよいか。記号で答えなさい。〈3点〉

●私の学校は高台にあるが(A)、とても見晴らしがよいが(B)、坂を登っていくのが大変だ。

ア A―のに B―ので
イ A―けれども B―ので
ウ A―ので B―から
エ A―ので B―けれども

3 次の各文中の――線部の「の」について、それぞれ文法的に説明しなさい。〈12点＝3点×4〉

① 我慢《がまん》強い友達が泣くのを初めて見た。
② 筆者の研究方法を読み取る。
③ 横顔の美しい人を見かけた。
④ 子どもだけでプールに行くの。

4 次の各文中の――線部の助詞の意味を、あとのア～ケから一つずつ選び、記号で答えなさい。〈18点＝2点×9〉

① 友子《ともこ》よ、ちょっと手伝っておくれ。
② なぜ毎日寄り道してくるの。
③ 重要な問題だから決して忘れるな。
④ 土地がやせていて雑草しか生えません。
⑤ おとなでもこんなに夜更《よふ》かししないよ。
⑥ 三キロぐらい走れるとも。
⑦ 春になって、かえるも冬眠《とうみん》から覚めた。
⑧ どんなうわさが流れても、私は関係ありません。
⑨ 昼から二時間ばかり眠っただろうか。

ア それと限る(限定)
イ 疑問・質問を示す
ウ 特に取り出して言う
エ 呼びかけを示す
オ 例を挙げて他を類推《るいすい》させる
カ 強調する
キ 同類の一つであることを示す
ク 禁止を示す
ケ だいたいの程度を示す

5

次の各組の――線部の語の中に、一つだけほかと意味・用法の異なるものがある。それを選び、記号で答えなさい。〈21点＝3点×7〉

①
ア 海外へ行っているということだ。
イ 庭で遊んでいるとおじさんがやって来た。
ウ 姉と遊びに出かけた。

②
ア 二時間歩いているのに、まだ着かない。
イ たくさんあるから、君の好きなのにしなさい。
ウ 買ってきてあげたのに、うれしくないの。

③
ア テレビを見ながら勉強するな。
イ 公園でも歩きながら考えよう。
ウ ゴール直前までたどりつきながら、倒《たお》れた。

④
ア 朝からずっと新聞を読んでいる。
イ 家を出て学校に向かう。
ウ 早く朝食を食べなさい。

⑤
ア この線の内側に入るな。
イ 本当に君は絵が上手だな。
ウ 三日ぶりにお天気になったな。

⑥
ア かなづちで手をたたいてしまった。
イ 紙ねんどで船を作ってごらん。
ウ ボールがはずんで、木に当たった。

⑦
ア 昨日からずっと本を読んでいる。
イ 風邪《かぜ》をひいているから、泳げません。
ウ 宿題が終わってから、遊びなさい。

① □ ② □ ③ □ ④ □ ⑤ □ ⑥ □ ⑦ □

6

次の一文に用いられている「でも」と同じ性質をもっているものを、あとの①～⑦の文から選び、番号で答えなさい。また、①～⑦の「でも」は、あとのア～キのどれに当たるか、記号で答えなさい。〈16点＝2点×8〉

● 退屈《たいくつ》だからテレビでも見ようか。

① 彼《かれ》は、それほど丈夫《じょうぶ》でもない。
② 東京まで新幹線でも行けるよ。
③ この肉は、いくらかんでも軟《やわ》らかくならない。
④ 今は、パソコンぐらい小学生でもできるよ。
⑤ それほど熱心に頼《たの》んでもいなかった。
⑥ もう暗くなってきた。でも、弟は帰ってこない。
⑦ それは、桜の木でも梅の木でもない。

ア 助動詞＋副助詞　イ 接続助詞＋副助詞
ウ 接続助詞　エ 形容動詞の活用語尾《ごび》＋副助詞
オ 副助詞　カ 接続詞　キ 格助詞＋副助詞

同じ性質のもの □

① □ ② □ ③ □ ④ □ ⑤ □ ⑥ □ ⑦ □

5

助動詞

助動詞は、意味・活用・接続の三つをしっかり押《お》さえよう。

28 助動詞①
―助動詞とは

助動詞の性質と働き ―― 助動詞には、次のような性質と働きがある。

1 **付属語《ふぞくご》で、活用がある。**

2 用言や体言などについて、**いろいろな意味を添《そ》える。**

助動詞の種類 ―― 助動詞には次のような種類がある。

れる　られる　せる　させる　ない　ぬ　たい　たがる　らしい　そうだ　そうです

ようだ　ようです　だ　です　ます　た　う　よう　まい

助動詞の三要素 ―― 意味・活用・接続の三つを、助動詞の三要素という。

1 **意味**……その助動詞がどんな意味を添え、どんな働きをしているか。

2 **活用**……下につく言葉によって、その助動詞の形がどう変わるか。

3 **接続**……その助動詞はどんな語のどんな形のものにつくか。

アドバイス

▼**助動詞《じょどうし》の働き**　日本語は文の終わりの部分で文意が決まることが多いと言われる。例えば、「ぼくは、そう思」まで聞いて、てっきり賛成なのだと思ったら、「思わない」と逆転することもある。これは、打ち消しの助動詞「ない」（→p.90参照）の働きによる。

ところが、その「ない」の後ろに、過去の助動詞「た」（→p.94参照）がつくと、再逆転し、「思わなかったが、今は違《ちが》う」となることもある。

このように、**助動詞は文末近くについて、重要な働きをする品詞**である。

もっとくわしく

▼**助動詞の接続**　「助動詞」とは、「動詞」の直後についてさまざまな意味を添えて「助ける」というのでつけられた名前だが、動詞以外の語にもつく。

例 地球は、青い**そうだ**。（伝聞の助動詞「そうだ」は形容詞についている）

満開の桜は、きれいだっ**た**。（過去の助動詞「た」は形容動詞についている）

荷物を持たせ**られる**。（受け身の助動詞「られる」は助動詞についている）

必修問題

1 **《助動詞の識別》次の各文中から助動詞を抜《ぬ》き出しなさい。**

① 遠すぎて声が聞こえない。
② この辺りは少し危険なようだ。
③ 何時に出発しますか。
④ 弟におもちゃを壊《こわ》される。
⑤ 私は決して他人の悪口は言うまい。

2 **《助動詞の意味》次の各文に下の（　）内の意味を添えて書き直しなさい。**

① 明日は小学校の入学式だ。（丁寧《ていねい》）
② 父は新聞を読む。（打ち消し）
③ 私は図書室で勉強する。（意志）
④ 先生は教室で本を読む。（使役《しえき》）

3 **《助動詞の活用》次の各文中の（　）にあてはまるように、下の助動詞を活用させて入れなさい。**

① そんなひどいことはやり（　）ない。（たい）
② 母は私に手紙を書か（　）た。（せる）
③ 妹はジュースを飲み（　）た。（たがる）
④ もうこれ以上食べ（　）ない。（られる）
⑤ いつまでも子どもの（　）心でいたい。（ようだ）

これでわかるコーチ

1 助動詞は、動詞などの下について**いろいろな意味を添える働き**をしている。それぞれどのような意味を添えているかを考えながら抜き出していこう。
①「聞こえる」の下に「ない」がつくことで意味が変わる。この「ない」が**打ち消し**の意味を添える助動詞である。
②「危険だ」と断定しないで、「**ようだ**」を添えて**推《お》しはかっている**。
③「出発するか」より、「**ます**」のついた「出発しますか」の方が**丁寧**である。
④「壊す」のは弟で、「壊す」に助動詞の「**れる**」がついて、**受け身**を表す。
⑤「言う」に「まい」がつくと、「私」の決意の中身が変わる。この場合の「まい」は、「**～しないつもりだ**」という**打ち消し意志**の意味を添えている。
また、次のような手順で、**助動詞を見分ける**ことができる。

ポイント

助動詞を見分ける手順
① **文を文節に分ける。**
② **自立語を取り除く。**
③ **残った付属語から活用する語を探す。**

例えば①では、「遠すぎて／声が／聞こえない。」と文節に分け、自立語の「遠すぎ」「声」「聞こえ」を取り除く。付属語は、「て」「が」「ない」だが、この中で活用するのは、「ない」である。

2 助動詞をつけ加えることで、**文の意味を変える問題**。具体的には、①は「です」、②は「ない」、③は「よう」、④は「せる」をつけ加える。④の「**使役**」とは、「読む」という動作をだれかほかの人にさせる、という意味。

3 普段《ふだん》使っている言い方を考えながら、きちんと活用させよう。

答え
1 ①ない ②ようだ ③ます ④れる ⑤まい **2** ①明日は小学校の入学式です。②父は新聞を読まない。③私は図書室で勉強しよう。④先生は教室で本を読ませる。
3 ①たく ②せ ③たがっ ④られ ⑤ような

29 助動詞②
―れる・られる

意味――「れる」「られる」には、次のような四つの意味がある。

1 **受**《う》**け身**《み》 ほかのものからそうされる……例 足を踏《ふ》ま**れる**。友達に見**られる**。

2 **可**《か》**能**《のう》 そうすることができる……例 速く歩か**れる**。自分で服を着**られる**。

3 **自**《じ》**発**《はつ》 自然にそうなる……例 故郷がしのば**れる**。母の身が案じ**られる**。

4 **尊**《そん》**敬**《けい》 人を敬《うやま》う……例 校長先生が書か**れる**。先生が来**られる**。

活用――次のように動詞(下一段)型活用をする。ただし、可能・自発・尊敬の場合は命令形がない。

基本形	未然形	連用形	終止形	連体形	仮定形	命令形
れる	れ	れ	れる	れる	れれ	れろ れよ
られる	られ	られ	られる	られる	られれ	られろ られよ

接続――「れる」は、五段活用・サ行変格活用の動詞の**未然形**、「られる」は、上一段活用・下一段活用・カ行変格活用の動詞・助動詞「せる」「させる」の**未然形**につく。

ここに注意

▼**語幹**《ごかん》**のない助動詞** 上の活用表を見ると、動詞などの用言の場合と違《ちが》って、語幹がないことに気づくだろう。助動詞は語幹と活用語尾《ごび》の区別をせず活用表を作ることになっている。

もっとくわしく

▼**「れる」「られる」の意味の識別**

① **受け身**
動作をする側―動作をされる側の関係が成り立つのが「受け身」。

例 **踏む人がいて、踏まれる人がいる。**

受け身は用いられる回数も多く、間違いやすい。特に、次のような無生物の主語の場合は要注意。

例 **屋根は太い柱で支えられている。**
(支えるのが柱、支えられるのが屋根と考えればいい。)

② **可能**
英語のcan(～できる)と同じ意味。

③ **自発**
自発の助動詞がつくのは、次のような心の動きに関する動詞が多い。

例 **思う 思い出す 案じる しのぶ 反省する 感じる**

④ **尊敬**
敬意を表すべき人物が登場し、何らかの動作を行う。

必修問題

❶《「れる」「られる」の意味》次の各文中の——線部の助動詞の意味を答えなさい。

① 先生が来られたら呼んでください。
② 彼《かれ》はよく先生に褒《ほ》められる。
③ 写真を見ると昔のことが思い出される。
④ 聖書は世界中の人に読まれている。
⑤ 食べられる物は何でも食べた。

❷《「れ」の意味・用法》次の文の「れ」と同じ意味で使われているものを、あとのa～dから一つ選び、記号で答えなさい。

▼あじさいの花が雨に打たれている。

a 海外旅行で財布《さいふ》を盗《ぬす》まれた。
b 先生はもう帰られましたか。
c 君と離《はな》れるのは絶対嫌《いや》だ。
d 遠いふるさとがしのばれる。

❸《意味と活用形》次の各文から、助動詞「れる」「られる」をそのままの形で抜《ぬ》き出し、意味と活用形を答えなさい。

① 今朝は眠《ねむ》くて起きられなかった。
② あなたはその本をいつ読まれましたか。
③ みんなに笑われて、顔が赤くなった。

これでわかるコーチ

❶「れる」「られる」の**意味の識別**は、右ページ上段で示したが、念のためもう一度ポイントをまとめて示しておく。

ポイント

「れる」「られる」の 意味の識別

① **する側・される側 → 受け身**
② **～できる → 可能**
③ **自然と～ → 自発**
④ **敬うべき人の動作 → 尊敬**

これは絶対に暗記しておきたい。問題を解くときには、②ならば、褒める人＝先生、褒められる人＝彼、という関係を押《お》さえる。

❷ まず問題文の「れ」の意味から考える。人間は出てこないが、**「動作をする側」**＝雨、**「動作をされる側」**＝あじさいの花、という関係がとらえられれば、**受け身**だとわかる。bは**尊敬**、dは**自発の「れる」の一部**である。
なお、cの「離れる」は、「動詞＋助動詞」の形のものではなく、**全体で一語の動詞**である。

❸ **活用形**は、**形と下に続く言葉から見分ける**。形から判断する場合に注意することは、未然形と連用形が同じ形だということである。そのときは、次のように下に続く言葉を手がかりにする。

①「なかっ（ない）」に続くから……。
②「まし（ます）」に続くから……。
③「て」に続くから……。

答え

❶ ①尊敬 ②受け身 ③自発 ④受け身 ⑤可能
❷ a
❸ ①られ・可能・未然形 ②れ・尊敬・連用形 ③れ・受け身・連用形

30 助動詞③
―せる・させる

意味――「せる」「させる」は、ほかのものにある動作をさせる意味、すなわち**使役**を表す。

例 1 私は妹に本を読ま**せる**。(↑「する」のは妹、「させる」のは私)
2 先生が私に漢字を覚え**させる**。(↑「する」のは私、「させる」のは先生)

活用――次のような動詞(下一段)型活用をする。

基本形	未然形	連用形	終止形	連体形	仮定形	命令形
せる	せ	せ	せる	せる	せれ	せろ せよ
させる	させ	させ	させる	させる	させれ	させろ させよ

接続――動詞の未然形につき、その他のものにはつかない。

「せる」は、五段活用・サ行変格活用の動詞
「させる」は、上一段活用・下一段活用・カ行変格活用の動詞
}の**未然形**につく。

もっとくわしく

▼**「せる」「させる」の接続** 動詞の活用は五種類あるが、それぞれの場合の「せる」「させる」のつき方を見てみよう。

● 五段活用
例 書く→書か**せる**……未然形
● サ行変格活用(サ変)
例 する→さ**せる**……未然形
● 上一段活用
例 見る→見**させる**……未然形
● 下一段活用
例 寝《ね》る→寝**させる**……未然形
● カ行変格活用(カ変)
例 来る→来《こ》**させる**……未然形

これをまとめると、上段の「接続」のようになる。

「れる」と「られる」の接続の違《ちが》いも、ここで「せる」「させる」で説明したのとほぼ同様である(→p.86参照)。

必修問題

1 《使役文の作成》次の各文を「私は」を主語にし、その命令でもとの主語の人物が文中の動作をするように書き改めなさい。

① 弟がピアノを弾《ひ》く。
② 子どもが部屋を整理する。
③ 山本《やまもと》君は買い物に行った。

2 《活用と活用形》次の各文中の（　）内に「せる」「させる」を活用させて入れ、また、それぞれの活用形を答えなさい。

① 家でじっくり考え（　）ます。
② 太郎《たろう》君にけんかさ（　）ないようにする。
③ 「あの音楽をやめ（　）」と、命令した。
④ ゆっくり休ま（　）ば、回復します。

3 《助動詞の識別》次の各文から、使役の助動詞をそのままの形で抜《ぬ》き出しなさい。

① 他人を笑わせるのは難しい。
② この子に甘《あま》いものを食べさせないでください。
③ 毎日犬を散歩させてください。
④ 真実を見せるか、聞かせるか、どちらかにせよ。

これでわかるコーチ

1 使役《しえき》の文に書き改めるときには、次の三つの点がポイントになる。

ポイント

●使役文の作成

① 動作をさせる人（命令する人）を主語にする。
② 元の主語の「〜は」「〜が」を、「〜に」か「〜を」に変える。
③ 動詞に、使役の助動詞「せる」「させる」をつける。

例えば、①では、「弟が」が「弟に」となり、「弾く」が「弾かせる」となる。

2 活用形は、その助動詞の形と下に続く言葉とから判断する。例えば、①には「させ」が入るが、形から考えれば未然形か連用形となる。次に、下に続く言葉が「ます」だから、連用形と決めるわけである。

3 ③のように、**サ行変格活用の動詞の未然形「さ」に助動詞「せる」が続く形を、助動詞「させる」と間違いやすいので要注意。**

Q ④の「見せる」は、「見」＋「せる（助動詞）」とも、「見せる」という一つの動詞とも考えられるように思うのですが。

A **「見る」は上一段活用だから使役の助動詞がつく場合は、「見」＋「させる」で「見させる」**となってしまいますね。これでは約束ごとと矛盾《むじゅん》するので、**「見せる」は一つの動詞**と考えます。しかし、同じ④の「聞かせる」のほうは、「聞く（五段活用動詞）」＋「せる」なので、「せる」は助動詞です。

答え

1 ①私は弟にピアノを弾かせる。 ②私は子どもに部屋を整理させる。 ③私は山本君に買い物に行かせた。 2 ①させ・連用形 ②せ・未然形 ③させろ（させよ）・命令形 ④せれ・仮定形 3 ①（笑わ）せる ②（食べ）させ（ない） ③（散歩さ）せ（て） ④（聞か）せる

31 助動詞④
——ない・たい・らしい

「ない」「たい」「らしい」の三要素
——この三つの助動詞は、形容詞と似た活用（形容詞型活用）をする。

基本形	未然形	連用形	終止形	連体形	仮定形	命令形	意味	おもな接続
ない	なかろ	なかっ なく	ない	ない	なけれ	○	打《う》ち消《け》し	動詞や一部の助動詞の未然形
たい	たかろ	たかっ たく	たい	たい	たけれ	○	希《き》望《ぼう》	動詞や一部の助動詞の連用形
らしい	○	らしかっ らしく	らしい	らしい	らしけれ	○	推《すい》定《てい》	動詞・形容詞や一部の助動詞の終止形、名詞、助詞「の」など

「ない」の見分け方
——形容詞にも「ない」があり、活用もまったく同じだ。形容詞「ない」と助動詞「ない」の見分け方を次に示しておく。

原則①……「ぬ」「ず」で言いかえられるか
- はい → **助動詞**
- いいえ → **形容詞**

原則②……「ない」の直前に「は」「も」が入れられるか
- はい → **形容詞**
- いいえ → **助動詞**

用語

▼**推定と推量**　「らしい」の意味は「推定」だが、これは、物事を何らかの根拠《こんきょ》に基《もと》づいて推《お》し量る働きを表すもの。

助動詞の中には、「推量」という意味を表すものもあるが、「推量」は根拠のあるなしを問わず**推し量る場合をいう**が、「推定」は確かな根拠があり、**相当な確信をもって推量する場合をいう。**

例　**彼《かれ》は出発するらしい。……（推定）**
彼は出発するだろう。……（推量）

もっとくわしく

▼**助動詞「たがる」**

〔意味〕希望
〔接続〕動詞の連用形
〔活用〕動詞（五段）型活用

未然形	連用形	終止形	連体形	仮定形	命令形
たがら たがろ	たがり たがっ	たがる	たがる	たがれ	○

「たい」が話し手の希望をいうのに対して、「たがる」は話し手以外の人の希望を表す。

必修問題

1 《意味・活用形》次の各文から助動詞「ない」「たい」「らしい」をそのままの形で抜《ぬ》き出し、意味と活用形を答えなさい。

① 行きたければ、行けばよい。
② 彼は明日欠席するらしい。
③ 男はそれ以上何も言わなかった。
④ この本はあまり読みたくない。

2 《「ない」の識別》次の各文中の――線部「ない」の品詞を答えなさい。

① 太郎《たろう》君は最近元気がない。
② 彼の言うことはよくわからない。
③ 泳げない人は手を挙げてください。
④ そんな情けない顔をするなよ。
⑤ この川の水は冷たくない。

3 《「らしい」の識別》次の各文中の――線部のうち、助動詞はどれか、番号で答えなさい。

① 君にすばらしい絵を見せてあげよう。
② 明日は雨になるらしい。
③ 彼女《かのじょ》は来月結婚《けっこん》するらしい。
④ のびのびして子どもらしい作品だ。
⑤ 橋の下にいるのは子どもらしい。

これでわかるコーチ

1 「ない」「たい」「らしい」は、**それぞれ意味が一つしかない**。迷うのは活用形である。これらの言葉の下に「ない」が続くからといっても「未然形」ではない。**形容詞型活用**をするので、形容詞と同様に**下に「ない」が続くのは「連用形」**である。なお、④「読みたくない」の「ない」は形容詞の「ない」である。

2 「ない」の見分け方は、右ページ上段を参照する。

Q&A

Q ④の「情けない」を見分け方の原則で考えると、「ぬ」で言いかえられないので形容詞かと思ったのですが、「情けは(も)ない」という言い方も変で、やはり助動詞かなと、わからなくなるのですが。

A これは結論から言うと、助動詞でも形容詞でもありません。正解は**「情けない」全体で一つの形容詞**です。ちなみに、**「はかない」「さりげない」「しのびない」「つまらない」**なども同類です。

3 「らしい」には、助動詞のほかに「すばらしい」のように形容詞の一部となっているものがある。また、「男らしい」などの**「名詞＋らしい(接尾語《せつび》)」**で形容詞となっているものもある。見分け方は、次のようにするとよい。

ポイント

「名詞」と「らしい」の間に「である」を入れて、意味が変わらない。→助動詞の「らしい」

例えば、④の「子どもらしい」には「である」は入らないが、⑤は「橋の下にいるのは子どもであるらしい。」としても意味が変わらないので、助動詞となる。

答え

1 ①たけれ・希望・仮定形 ②らしい・推定・終止形 ③なかっ・打ち消し・連用形 ④たく・希望・連用形
2 ①形容詞 ②助動詞 ③助動詞 ④形容詞の一部(「情けない」で一つの形容詞) ⑤形容詞
3 ②・③・⑤

32 助動詞⑤
―そうだ・ようだ・だ

「そうだ」「ようだ」「だ」の三要素

この三つの助動詞は、形容動詞と似た活用（形容動詞型活用）をする。

基本形	未然形	連用形	終止形	連体形	仮定形	命令形	意味	おもな接続
そうだ	そうだろ	そうだっ そうで そうに	そうだ	そうな	そうなら	○	様態	動詞や一部の助動詞の連用形、形容詞・形容動詞の語幹
そうだ	○	そうで	そうだ	○	○	○	伝聞	用言などの終止形
ようだ	ようだろ	ようだっ ようで ように	ようだ	ような	ようなら	○	推定 たとえ 例示	用言や一部の助動詞の連体形 助詞「の」など
だ	だろ	だっ で	だ	（な）	なら	○	断定	体言や一部の助詞、動詞などの終止形

「ようだ」の意味

「ようだ」には、次のような三つの意味がある。明確に区別できるようにしておこう。

1 推定……根拠《こんきょ》に基《もと》づいて推《お》しはかる。　例 どうしようかと迷っている**ようだ**。

2 たとえ……似通った物事にたとえる。　例 この白さは雪の**ようだ**。

3 例示……同じ性質のものを例として示す。　例 山田《やまだ》君の**ように**やりなさい。

もっとくわしく

▼**「そうだ」の意味の識別**　「そうだ」はすぐ上にくる語の活用形の違《ちが》いによって、意味を見分けることができる。

例 雨が 降り（連用形）そうだ。………（様態《ようたい》）
雨が 降る（終止形）そうだ。………（伝聞《でんぶん》）

前者の「様態」は、そういう様子だの意。後者の「伝聞」は、他人からそう聞いた、という意である。

アドバイス

▼**「そうです」「ようです」**　「そうだ」「ようだ」の丁寧《ていねい》な形に「そうです」「ようです」がある。活用のしかたは助動詞「です」（→p.94参照）と同じものになる。

例 雨が降りそうです。
まるで夢のようです。

ここに注意

▼**「だ」の連体形「な」**　「だ」の連体形「な」は、「の」「ので」「のに」があとにくる場合にだけ使われる。

例 **夢なのだ。**
事実なので認める。
春なのに寒い。

必修問題

1 《「そうだ」の意味》次の各文中の――線部の助動詞の意味は、「様態」「伝聞」のどちらか答えなさい。

① 彼《かれ》は来年アメリカへ行く<u>そうだ</u>。
② その犬は悲し<u>そうな</u>目をしていた。
③ くやしくて涙《なみだ》が出<u>そうだっ</u>た。
④ 明日は晴れる<u>そうだ</u>。

2 《「ようだ」の意味》次の各文中の――線部の助動詞の意味は、「推定」「たとえ」「例示」のうちのどれか答えなさい。

① 彼女《かのじょ》の笑顔《えがお》は太陽の<u>ようだ</u>。
② 彼の<u>ように</u>優秀《ゆうしゅう》な人がいたらなあ。
③ その道は行き止まりの<u>ようだっ</u>た。
④ 彼は忙《いそが》しい<u>ようで</u>、連絡《れんらく》がとれない。

3 《活用・活用形》次の各文中の（　）内に、断定の助動詞「だ」を活用させて入れ、それぞれの活用形を答えなさい。

① 真夜中（　）のに眠《ねむ》くならない。
② 春には退院できる（　）う。
③ 夢（　）ば、覚めないでほしい。
④ 彼の姉は医者（　）。

これでわかるコーチ

1 「そうだ」の意味の「様態」と「伝聞」の識別のしかたには二通りある。内容から識別するときは、**「そういう様子だ」**の意味なら「様態」で、**「他人から聞いた」**の意味なら「伝聞」である。また、形から識別する方法は次のようになる。

ポイント

「そうだ」の意味の識別
- **動詞の連用形**・**形容詞・形容動詞の語幹** につく → **様態**
- **用言などの終止形**につく → **伝聞**

2 「ようだ」の意味の識別のしかたでは、次のことを頭に入れておこう。

ポイント

「ようだ」の意味の識別
- **「どうやら」「どうも」**と結びつく → **推定**
- **「まるで」「あたかも」**と結びつく → **たとえ**
- **「例えば」**と結びつく → **例示**

3 断定の助動詞は、形容動詞と似た活用をするので、その違いを覚えておこう（→p.99も参照）。

プラスα 〈断定の助動詞と形容動詞の活用語尾《ごび》の違い〉

①…断定の助動詞には、連用形の「に」がない。（名詞につく「に」は、助詞として扱《あつか》う。）
②…連体形の「な」の下への続き方が違う。（形容動詞の連体形には体言が自由につくが、断定の助動詞の「な」は、助詞「の」「のに」「ので」に連なる場合だけに用いられる。）

答え

1 ①伝聞 ②様態 ③様態 ④伝聞 **2** ①たとえ ②例示 ③推定 ④推定
3 ①な・連体形 ②だろ・未然形 ③なら・仮定形 ④だ・終止形

33 助動詞⑥
―ます・です・た・ぬ

「ます」「です」「た」「ぬ」の三要素 ―― この四つの助動詞は、それぞれ特殊な活用（特殊型活用）をする。

基本形	未然形	連用形	終止形	連体形	仮定形	命令形	意味	おもな接続
ます	ませ ましょ	まし	ます	ます	ますれ	ませ まし	丁《てい》寧《ねい》	動詞や一部の助動詞の連用形
です	でしょ	でし	です	（です）	○	○	丁寧な断定《だんてい》	体言や一部の助詞
た	たろ	○	た	た	たら	○	過去《かこ》・完了《かんりょう》・存続《そんぞく》	用言や助動詞の連用形
ぬ	○	ず	ぬ	ぬ	ね	○	打《う》ち消《け》し	動詞や一部の助動詞の未然形

「た」の意味 ―― 「た」には、次のような三つの意味がある。

1 過去……過去にそういう事実があったことを表す。 例 昨日学校へ行った。

2 完了……ちょうど動作が終わったことを表す。 例 今食べたところだ。

3 存続……その状態が現在も引き続き存在していることを表す。 例 壁《かべ》を赤く塗《ぬ》った家。

アドバイス

▼**「ませ」「まし」の接続** 「ます」の命令形「ませ」「まし」は、「いらっしゃい」「ください」「なさい」のような敬意を表す言葉にしかつかない。

例 いらっしゃいませ。
しからないでくださいまし。

ここに注意

▼**「です」の連体形** 「です」の連体形は「のに」「ので」が続く場合にだけ使われる。

例 雨ですので、外へは出られません。

▼**「た」の濁音《だくおん》「だ」** 「た」は、上につく動詞によって、濁《にご》って「だ」となることがある。

例 泳いだ　死んだ　飛んだ　読んだ

上にくる動詞はすべて音便《おんびん》の形で、活用形は連用形である。

もっとくわしく

▼**打ち消しの「ん」** 打ち消しの「ぬ」は、「ん」と書き表すこともある。

例 そんなこと知らんよ。

▼**「確認《かくにん》（想起《そうき》）」の「た」** 「た」は、「確認（想起）」の意味を表すこともある。

例 そうだ、今日はぼくの誕生日だった。

必修問題

1 《助動詞の識別・活用形》次の各文中から、助動詞「ます」「です」「た」「ぬ」を抜《ぬ》き出し、活用形を答えなさい。

① あの人には逆らわぬほうが良い。
② 次はこの曲を練習しましょう。
③ ごあいさつもせず、失礼しました。
④ 昨日読んだ本はおもしろかった。

2 《「た」の意味》次の各文中の――線部の助動詞「た」の意味は、「過去」「完了」「存続」のうちどれか答えなさい。

① たった今帰ってきたところです。
② かごに入ったりんごをもらった。
③ その日はとても暑かった。
④ きちんと手入れした庭をながめる。

3 《文末表現》次の各文中の――線部は、丁寧な言い方になっている。それぞれ普通《ふつう》の言い方に改めなさい。

① 昨日は家でゆっくり休みました。
② 太郎《たろう》君はもう寝《ね》ているでしょう。
③ 彼《かれ》はとても頭のきれる人物です。
④ 雨の日は外で遊びません。

これでわかるコーチ

1 打ち消しの「ぬ」と、過去・完了・存続の「た」の判別に注意しよう。「ぬ」は、**連用形は「ず」、仮定形は「ね」と、形が変わる**ので見落とさないように気をつけよう。

「た」は、④の「読んだ」のように音便形につくときの音変化（「た」が「だ」に変わること）や、活用形についても確かめておこう。

2 **「た」の過去と完了の意味の違《ちが》い**は、**「今～し終わったところ」かどうかで判断**できるだろう。少し迷うのは「存続」の意味の場合である。これは、次のようなことを手がかりにして考えるとよい。

ポイント
「～ている」「～てある」と言いかえられる → 存続の「た」

例えば、①・③の場合には言いかえられないが、②では「かごに入っている」、④では「手入れしてある」と言いかえられるので、②・④の「た」の意味は「存続」となるわけである。

3 丁寧の意味の助動詞「です」や「ます」を使わないときは、どういう言い方になるかを考える問題。「です」には、断定の意味も含《ふく》まれていることに気をつけよう。普通の言い方に改めるときに、それぞれの文がもっている①過去、②断定と推量、③断定、④打ち消しの意味はそのままにして、変えてはいけない。また、例えば、③は「人物である」という言い方もできるが、新たに補助《ほじょ》用言などを加えないで答えよう。

答え

1 ①ぬ・連体形 ②ましょ・未然形 ③ず・連用形／まし・連用形／た・終止形 ④だ・連体形／た・終止形
2 ①完了 ②存続 ③過去 ④存続
3 ①休んだ ②寝ているだろう ③人物だ ④遊ばない

34 助動詞⑦
―う・よう・まい

「う」「よう」「まい」の三要素 ―この三つの助動詞は、語形変化がない（**無変化型**）。

基本形	未然形	連用形	終止形	連体形	仮定形	命令形	意味	おもな接続
う	○	○	う	（う）	○	○	推量《すいりょう》・意志《いし》	用言や一部の助動詞の未然形
よう	○	○	よう	（よう）	○	○	推量・意志	動詞や一部の助動詞の未然形
まい	○	○	まい	（まい）	○	○	打ち消しの推量 打ち消しの意志	五段動詞の終止形 その他の動詞の未然形

推量と意志 ―「う」「よう」には、二つの意味がある。

1 **推量**……話し手が物事を推《お》しはかって言う意味を表す。
例 距離《きょり》は十キロ以上はあろ**う**。　まもなく月も出**よう**。

2 **意志**……話し手の意志を表す。
例 ぼくも、その本を読も**う**。　私も一緒《いっしょ》に行ってみ**よう**。

2の中でも、**相手に「～しませんか」と誘《さそ》いかける**ものを、特に「**勧誘《かんゆう》**」ということもある。

もっとくわしく

▼**「う」「よう」「まい」の連体形**　「う」「よう」「まい」の連体形は、形式名詞の「こと」「もの」「はず」などの限られた語があとにくる。
例 勉強しよう**はず**もない。
あろう**こと**かあるまい**こと**か。

▼**「う」「よう」の使い分け**　上につく語によって次のように使い分ける。
五段活用動詞
形容詞・形容動詞 }の未然形→う
五段活用以外の動詞の未然形→よう

ここに注意

▼**「まい」⇔「う」「よう」**　「まい」には打ち消しの推量・打ち消しの意志の意味があるが、これは「う」「よう」が肯定《こうてい》の推量・意志を表しているのと対応している。
　また、「まい」は五段活用動詞以外でも終止形に接続することがあるので注意しよう。
例 見るまい　（上一段活用・終止形）
投げるまい　（下一段活用・終止形）
来るまい　（カ行変格活用・終止形）
するまい　（サ行変格活用・終止形）

必修問題

1 **《「う」「よう」の意味》次の各文の――線部の「う」「よう」は、「推量」「意志」のどちらか答えなさい。**

① 明日は山のふもとまで行ってみよう。
② もう値段が下がることはなかろう。
③ あと一時間だけ待とう。
④ がんばれば、成果も出よう。

2 **《「まい」の意味》次の文の「まい」と同じ意味のものを、あとのa～dの中から一つ選び、記号で答えなさい。**

▼母はこんなことでごまかされまい。

a われわれは今後そこへは行くまい。
b 彼《かれ》も今回は断るまい。
c 私は、二度と彼をからかうまいと思った。
d ぼくらは二度とあの川では泳ぐまい。

3 **《「まい」の接続》次の各文の（　）に適当なひらがなを一字入れなさい。**

① 決して他人の失敗を笑（　）まい。
② 彼はきっと納得《なっとく》（　）まい。
③ 犬はそんなものを食《た》（　）まい。
④ 彼女《かのじょ》が損をすることはあ（　）まい。

これでわかるコーチ

1 「う」「よう」の意味の識別は大して難しくないだろう。**「推量」の意味**は、次の見分け方で考えるとよい。

ポイント
「だろう」と言いかえられる ⟶ 推量の「う」「よう」

また、「う」「よう」が**「意志」の意味**の場合は、**その文の主語**（ここでは省略されている）は、「私（が）」「ぼく（が）」などの**一人称《にんしょう》**（自称）である。

2 「まい」は、**「う」「よう」の打ち消しの意味**をもっているので、その意味を次のように覚えておこう。

ポイント
打ち消しの推量「まい」＝「ないだろう」
打ち消しの意志「まい」＝「ないつもりだ」

「ごまかされないだろう」と言えるので、打ち消しの推量である。a～dの中では、b以外が「ないつもりだ」に言いかえられることを見抜《みぬ》きたい。

3 「まい」の**すぐ上にくる動詞の活用形は、活用の種類によって異なる**ことを押《お》さえておこう。ただし、②では「納得し」のほかに「納得する」も入れることができるし、③でも「食べ」のほかに「食べる」も入れることができる。しかし、このような特殊《とくしゅ》なものに惑《まど》わされず、設問文の指示どおり一字のひらがなで答えるようにする。

答え
1 ①意志 ②推量 ③意志 ④推量
2 b
3 ①う ②し ③べ ④る

35 助動詞⑧
―助動詞のまとめ

意味による分類
―― 今まで扱った助動詞を、意味によって分類すると、次のようにまとめられる。

助動詞	用例	意味	参照
れる られる	人に笑われる。 実《み》は食べられる。 昔が思い出される。 先生が話される。	受け身 可能 自発 尊敬	p.86
せる させる	彼《かれ》に行かせる。 家を建てさせる。	使役	p.88
ない	本を読まない。	打ち消し	p.90
ぬ(ん)	星が出ぬ。		p.94
たい たがる	彼女《かのじょ》に会いたい。 空を飛びたがる。	希望	p.90
らしい	弟が行くらしい。	推定	p.90
そうだ そうです	雨になりそうだ。 雨になるそうだ。	様態 伝聞	p.92

助動詞	用例	意味	参照
ようだ ようです	特急で帰るようだ。 雪のような白い肌《はだ》。 彼のような強い人。	推定 たとえ 例示	p.92
だ	もうすぐ春だ。	断定	p.92
です	これが桜の花です。	丁寧な断定	p.94
ます	ぼくは帰ります。	丁寧	p.94
た	先週出かけた。 今帰った。 風で倒《たお》れた木。	過去 完了 存続	p.94
う よう	十キロはあろう。 私が見よう。	推量 意志	p.96
まい	そんなにあるまい。 私は行くまい。	打ち消しの推量 打ち消しの意志	p.96

もっとくわしく

助動詞の分類

① 意味による分類(上段参照)

② 活用のしかたによる分類

動詞型	れる　られる　せる　させる　たがる
形容詞型	ない　たい　らしい
形容動詞型	そうだ　ようだ　だ
特《とく》殊《しゅ》型	そうです　ようです　ます　です　た　ぬ
無変化型	う　よう　まい

③ 接続のしかたによる分類

未然形に	れる　られる　せる　させる　ない　ぬ　う　よう　まい
連用形に	たい　たがる　ます　た　そうだ(様態)　そうです(様態)
終止形に	まい　そうだ(伝聞)　そうです(伝聞)　らしい
連体形に	ようだ　ようです
体言・助詞に	らしい　だ　です

必修問題

1 《助動詞の識別・意味》次の各文中から助動詞をすべてそのままの形で抜《ぬ》き出し、その意味を答えなさい。

① 機会を与《あた》えられているから走るのだ。
② 泳がなければならぬ。敵は近いのですぐに追い越《こ》される。
③ すぐそこで、水が流れているらしい。
④ 一人旅を終え、死んだように眠《ねむ》った。
⑤ 取り柄《え》がないと思いこむ妹に、自信を持たせたいのです。
⑥ 夜には、雨も小降りになっていよう。
⑦ その生徒は悪びれずに答えた。
⑧ どうか、助言を受け入れてくれまいか。

2 《「だ」の識別》次の各文の――線部「だ」は、あとのア～ウのどれか。適当なものを選び、記号で答えなさい。

① 彼女のお母さんはいつも親切だ。
② 生徒たちはまっすぐ一列に並んだ。
③ これは、昔住んでいた家だ。
④ 今日の彼女はとても立派だ。
⑤ 私にとって一番大切なのは友情だ。

ア 断定の助動詞
イ 形容動詞の活用語尾《ごび》
ウ 過去・完了の助動詞

これでわかるコーチ

1 いろいろな助動詞がたくさんあるので、見落とさないようにしよう。④の「死んだ」の「だ」は助動詞「た」が濁《にご》ったもの（→p.94下段参照）で、「死んでいる」と言いかえられるので、意味は「存続」。また、「ように」は「ようだ」の連用形。意味は93ページ下段の見分け方を使って識別する。⑦の「ず」も要注意。打ち消しの助動詞「ぬ」の活用は特に紛《まぎ》らわしいので、確実に覚えておこう。

2 **「だ」の識別の問題。**今まで学んだ形容動詞（→p.56）、断定の助動詞（→p.92）、過去・完了の助動詞（→p.94）の知識を総合的に使わないと答えられない。選択肢《せんたくし》で示された**三つの識別のしかた**を示そう。

ポイント

「だ」の識別
- 上につく語が**五段活用動詞の音便《おんびん》形** → 過去・完了の助動詞
- 「だ」を「な」に置きかえて**体言に続く** → 形容動詞の活用語尾《ごび》
- 「だ」を「な」に置きかえて**体言に続かない** → 断定の助動詞

①親切だ→親切な（人）……「な」に置きかえて体言に続く→**形容動詞の活用語尾**
②並んだ→並んだ……「並ん」は動詞の音便形→**過去・完了の助動詞**
③家だ→家な（こと）……「な」に置きかえて体言に続かない→**断定の助動詞**
④立派だ→立派な（人）……「な」に置きかえて体言に続く→**形容動詞の活用語尾**
⑤友情だ→友情な（人）……「な」に置きかえて体言に続かない→**断定の助動詞**

答え

1 ①られ・受け身／だ・断定 ②なけれ・打ち消し／ぬ・打ち消し／れる・受け身 ③らしい・推定 ④だ・存続／ように・たとえ／た・過去 ⑤せ・使役／たい・希望／です・丁寧な断定 ⑥よう・推量 ⑦ず・打ち消し／た・過去 ⑧まい・打ち消しの推量

2 ①イ ②ウ ③ア ④イ ⑤ア

チェックテスト9

解答▼別冊p.18〜20

得点　　／100

1

次の各組の――線部には、一つだけほかと性質の異なるものが含《ふく》まれている。それを記号で答えなさい。〈12点＝4点×3〉

①
ア　子どもに泣かれるのは苦手だ。
イ　彼女《かのじょ》はだれからも好かれる。
ウ　雨にぬれるのは嫌《いや》だ。
エ　その場の雰囲気《ふんいき》に流される。

②
ア　風に帽子《ぼうし》を飛ばされた。
イ　車は急に止まれない。
ウ　もう読まれましたか。
エ　母のことが思い出された。

③
ア　時計を修理させる。
イ　野菜を食べさせる。
ウ　試験を受けさせる。
エ　家で寝《ね》させる。

2

次の各文中の――線部の助動詞「れる」「られる」の意味を答えなさい。〈16点＝2点×8〉

① 先生は一人で教室を掃除《そうじ》された。
② この作品を書かれたのはいつですか。
③ 環境《かんきょう》が悪化しているように思われる。
④ このコートはまだ着られる。
⑤ 君の手紙に慰《なぐさ》められた。
⑥ 考えられる限りの方法を考えた。
⑦ 彼《かれ》のことが案じられてならない。
⑧ 春は南風に運ばれてくる。

① ② ③ ④ ⑤ ⑥ ⑦ ⑧

3

次の各文中から使役《しえき》の助動詞をそのままの形で抜《ぬ》き出し、それぞれの活用形を答えなさい。〈20点＝4点×5〉

① 自分で調べさせましょう。
② この薬を飲ませれば、治ります。
③ 彼を行かせることはできません。
④ 彼にはもっと運動させろ。
⑤ 少しの間夢を見させてもらいました。

① ② ③ ④ ⑤

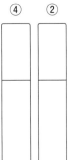

4

次の各文中の――線部「ない」はA助動詞か、B形容詞か。それぞれ記号で答えなさい。〈5点＝1点×5〉

① 指をけがしたので、字が書けない。
② この値段は決して安くはない。
③ この店の料理はおいしくなかった。
④ 間に合わないと困るので、急ごう。
⑤ 健康でなければできない仕事だ。

① ② ③ ④ ⑤

5

次の各文中の――線部「らしい」は、A推定の助動詞か、B形容詞の一部か。それぞれ記号で答えなさい。〈5点＝1点×5〉

① 彼のお姉さんはとても女らしい人だ。
② 彼女は口は悪いが繊細《せんさい》な心をもつ女の人らしい。
③ 今年は冬が早く来るらしいとのことだ。
④ 若者らしい勇敢《ゆうかん》さで突進《とっしん》していった。
⑤ 各地で自然破壊《はかい》が急激に進んでいるらしい。

① ② ③ ④ ⑤

6

次の各文中の――線部「ない」の活用形を答えなさい。〈10点＝2点×5〉

① 彼に面と向かっては言えなかろう。
② 遊べなければつまらない。
③ 考えすぎてわからなくなった。
④ 最後まであきらめなかった。
⑤ 行けないときは、電話します。

① ② ③ ④ ⑤

7

次の各文中の――線部の助動詞の基本形と意味を答えなさい。〈32点＝4点×8〉

① 最近、彼のことが思い出されてならない。
② 君とはもう口もききたくない。
③ 船は波にのまれてしまった。
④ 彼は悩《なや》んでいるらしくて、元気がなかった。
⑤ すぐに全員を避難《ひなん》させよ。
⑥ そんな所へは行けなかろう。
⑦ どうしてもあの事件が忘れられない。
⑧ しばらく考えさせてください。

① ② ③ ④ ⑤ ⑥ ⑦ ⑧

チェックテスト10

1

次の各文中の□内に、下の（　）内の助動詞を活用させて入れ、また、その活用形を答えなさい。〈24点＝4点×6〉

① 私と一緒《いっしょ》に来□んか。（ます）
② これだけは言わ□ばならない。（ぬ）
③ 彼《かれ》は社長□ので責任がある。（だ）
④ 昨日は父の誕生日□た。（です）
⑤ 雨が降り□ば、中止しよう。（そうだ）
⑥ 彼はまた掃除《そうじ》をせ□に帰った。（ぬ）

① □□　② □□
③ □□　④ □□
⑤ □□　⑥ □□

2

次の各文中の――線部「そうだ」が助動詞であれば、A様態か、B伝聞かを記号で答え、助動詞でなければ×印をつけなさい。〈8点＝2点×4〉

① 彼女《かのじょ》は歩いて来るそうだ。
② 明日は忙《いそが》しくなりそうだ。
③ そうだ、山田《やまだ》君に聞いてみよう。
④ これ以外に方法はなさそうだ。

① □　② □　③ □　④ □

3

次の各文中の――線部と同じ意味をもつものを、あとのア～ウから選び、記号で答えなさい。〈3点＝1点×3〉

① 花はいずれも米粒《こめつぶ》のような小さいもので、赤と白のものがあった。
② 母親が言ったように、伯父《おじ》はいけない道を選んでいたのである。
③ どこか子ども道や、いぬ道に通ずるものがあるように思える。

ア　沖縄ではもう桜が咲《さ》いたようだ。
イ　彼のような悪人には、いずれ天罰《てんばつ》が下るだろう。
ウ　三塁手《さんるいしゅ》が流れるような動作でボールを一塁におくった。

① □　② □　③ □

4

次の各文中の――線部の助動詞「う」「よう」「まい」の意味を、それぞれあとのア～エから選び、記号で答えなさい。〈12点＝2点×6〉

① あの人にお礼の手紙を書こう。
② さまざまな意見もあろうが、多数決で決定しよう。
③ もう、君に心配をかけるのはやめよう。
④ 今日は、これで終わりにしよう。
⑤ まさか、そんなことはあるまい。
⑥ もう、彼の忠告は聞くまい。

ア　推量　　イ　意志
ウ　打ち消しの推量　　エ　打ち消しの意志

① □　② □　③ □　④ □　⑤ □　⑥ □

解答▼別冊p.20～22

得点　／100

5

次の各文中の――線部の助動詞「た」は、A過去、B完了《かんりょう》、C存続のうちのどの意味か、記号で答えなさい。〈6点＝1点×6〉

① 壁《かべ》にかけた絵はセザンヌだ。
② 父は三時間前に出かけた。
③ 二人は異なった意見をもっている。
④ 今、朝日が差し始めた。
⑤ 昨日は一日中雨が降っていた。
⑥ やっと宿題が終わった。

① □　② □　③ □　④ □　⑤ □　⑥ □

6

次の各文中の――線部「だ」を、A形容動詞の活用語尾《ごび》、B過去の助動詞「た」の濁音化《だくおんか》、C断定の助動詞「だ」の三種類に分け、記号で答えなさい。〈7点＝1点×7〉

ア 二階はいやに静かだ。
イ プールで一時間泳いだ。
ウ この表はとても便利だ。
エ 今日はよい天気だ。
オ この本は先生が選んだ。
カ あの人は有名な画家だ。
キ 彼はとても誠実だ。

A □　B □　C □

7

次の各文中の□内に、下の（　）内の語を活用させて入れ、また、その活用形を答えなさい。〈8点＝2点×4〉

① そんなことを言わないで□ましょう。　（行く）
② 来週のパーティーに彼女を□た。　（誘《さそ》う）
③ 彼はいつもわけの□ぬことを言っていた。　（わかる）
④ この場所に家を□よう。　（建てる）

① □　② □　③ □　④ □

8

次の各文中の――線部の助動詞の基本形と意味を答えなさい。〈32点＝4点×8〉

① 坂本《さかもと》君のように泳ぎなさい。
② 君が今朝飲んだジュースはこれか。
③ 難しそうな本を読んでいるね。
④ 喜んでくださいまし。
⑤ おかしくて、笑わずにはいられない。
⑥ 大雨なら仕方がない、中止にしよう。
⑦ もう雨も降るまい。
⑧ これでよろしいでしょうか。

① □　② □　③ □　④ □　⑤ □　⑥ □　⑦ □　⑧ □

チェックテスト11

解答▼別冊p.22〜24

得点　／100

1 次の各文中の――線部の語を、（　）内に示した意味の助動詞を一つだけ下につけて、書き改めなさい。〈18点＝3点×6〉

① 何かおもしろい映画はあるかい。（様態）
② 彼《かれ》は歯が丈夫《じょうぶ》で、固いものでも食べる。（可能）
③ この木には登らないでください。（使役《しえき》）
④ 彼は来週アメリカへ行く。（伝聞）
⑤ その古い城はどことなく不気味だ。（過去）
⑥ 明日はがんばって働くと決めた。（意志）

① 　② 　③ 　④ 　⑤ 　⑥

2 次の各文中の――線部の助動詞と同じ意味のものを、それぞれの組の――線部の中から選び、記号で答えなさい。〈10点＝2点×5〉

① まだみんな眠《ねむ》っているようだった。
ア エジソンのような発明家になりたい。
イ 彼女《かのじょ》の手は氷のように冷たかった。
ウ 友人を裏切るようなことはしたくない。
エ 忙《いそが》しいようなら、延期しましょうか。

② きれいに洗ったシャツを着ている。
ア 彼はその時病気だった。
イ 乾《かわ》いた布で磨《みが》くときれいになる。
ウ 弟は今出かけたところです。
エ 子どものころに描《えが》いた絵が出てきた。

③ やっと家に帰れそうだ。
ア 明日は台風が来るそうだ。
イ この辺りは年中泳げるそうだ。
ウ 彼はもう元気だそうで安心した。
エ あの優《やさ》しそうな人が先生かい。

④ ぼくは遠くまでボールを投げられる。
ア 公園に捨てられていた犬を拾った。
イ 褒《ほ》められて、やる気が出た。
ウ その猫《ねこ》は玄関《げんかん》のドアを開けられる。
エ はっきりした口調に彼女の自信が感じられる。

⑤ もう泣いたりしまいと誓《ちか》った。
ア 彼はもう私を信じまい。
イ 私は決してあきらめまい。
ウ 今日のような日は二度と来《こ》まい。
エ 彼は私のことを忘れまい。

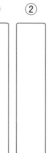

3

次の各文中の――線部の助動詞の活用形を書きなさい。また、意味をあとのア～コから選び、記号で答えなさい。〈18点＝2点×9〉

① 子どもにこれをわからせるのは無理だ。
② いらっしゃいませ。
③ 今電話しようと思っていた。
④ もうすぐ桜が咲《さ》きそうだ。
⑤ もっと早くお会いしたかった。
⑥ 花びらが風に吹《ふ》かれて散っていく。
⑦ 彼は元気で働いているらしい。
⑧ 学校へ行かねばならない。
⑨ 子どものころに書いた日記を読む。

ア 過去　イ 断定　ウ 意志　エ 推定　オ 受け身
カ 様態　キ 丁寧《ていねい》　ク 使役　ケ 希望　コ 打ち消し

①　②　③　④　⑤　⑥　⑦　⑧　⑨

4

次の①～④の各組にあるそれぞれの――線部の語のうち、一つだけほかの語と性質が異なるものがある。それをア～エの記号で答えなさい。また、それを選んだ理由をあとのA～Cから選び、記号で答えなさい。〈12点＝3点×4〉

①
ア 春らしい色のカーテンに変える。
イ 彼は今、病気らしい。
ウ 向こうに立っているのは男らしい。
エ 彼が帰ってくるのは夏らしい。

②
ア 大きな木がゆっくり倒《たお》れた。
イ ふざけていたら、しかられた。
ウ 海が夕日に照らされた。
エ 先生は静かに話された。

③
ア 明日は山越《やまご》えに挑戦《ちょうせん》だ。
イ 彼はいつも慎重《しんちょう》だ。
ウ 今必要なのは情報だ。
エ これがこの車の特徴《とくちょう》だ。

④
ア どうしても不安が消えない。
イ 掃除《そうじ》をしないとしかられる。
ウ 彼女の優しさはさりげない。
エ 委員長がいないのでまとまらない。

A ほかが助動詞であるのに対し、これは動詞の一部である。
B ほかが助動詞であるのに対し、これは形容詞の一部である。
C ほかが助動詞であるのに対し、これは形容動詞の一部である。

5

次の各組の――線部の助動詞の意味には違《ちが》いがある。それぞれの意味を答えなさい。〈24点＝4点×6〉

① ア 彼《かれ》のような人がいれば安心だ。
　 イ 馬が風のように走っていった。

② ア そこが彼の席だとは知らなかった。
　 イ 手になじんだ道具を使いたい。

③ ア これからいろいろなことが起きよう。
　 イ どうしても打ち合けようとしない。

④ ア 荷物が馬車で運ばれる。
　 イ その方はにっこりほほえまれた。

⑤ ア 白く塗《ぬ》った壁《かべ》が清潔な感じだ。
　 イ 昨日見た映画はおもしろかった。

⑥ ア ここから街まで五キロはあろう。
　 イ 明日はハイキングに行こう。

	ア	イ
①		
②		
③		
④		
⑤		
⑥		

6

次の各文中の――線部の語について、助動詞ならその意味を、助動詞でなければ何であるかを答えなさい。〈18点＝2点×9〉

① 指がぎこちなくなって（ア）、思うように動かない（イ）。自分の手ではない（ウ）ように思えてきた。

② 弟は前の年に私が使った（エ）小さなかばんを父から渡《わた》された（オ）。

③ 友人は独り言のように（カ）つぶやいたが、何かを思い出したらしく（キ）、急いで学校へ向かった。

④ 彼は頑固《がんこ》だった（ク）。どんなに説得しても、決して自分の意見を変えよう（ケ）とはしなかった。

ア	ウ	オ	キ	ケ

イ	エ	カ	ク

6

敬語

敬語は、相手や第三者に対して敬意を表す言葉。
普段《ふだん》から敬語を正しく使えるように心がけよう。

36 敬語①
―尊敬語

敬語の意義と種類 ―― 話題にしている人物や、聞き手（読み手）に対して**敬意を表す言葉**を、**敬語**という。敬語には、次の三種類がある。

1 **尊敬語《そんけいご》**……例 先生が**おっしゃる**。→「先生が言う」では失礼なので、こう表現した。
2 **謙譲語《けんじょうご》**……例 私が**申しあげる**。→「私が」、だれか目上の人に言ったというニュアンスである。
3 **丁寧語《ていねいご》**……例 私が言い**ます**。→「言う」より、このほうが丁寧だ。

尊敬語 ―― 話し手（書き手）が、話題にしている人物のうち、その動作をする者を高めて扱うことで敬意を表す敬語。

尊敬語の成り立ち	用例
接頭語《せっとう》がついた語	ご両親　お言葉　ご立派だ　お美しい
接尾語《せつび》がついた語	妹さん　山田殿《やまだどの》　山本《やまもと》様
尊敬の意味をもつ名詞	先生　殿下《でんか》　方《かた》（↑人）　あなた
「れる」「られる」がついた語	話される（↑話す）　来られる（↑来る）
「お（ご）……になる」	お読みになる（↑読む）　ご出発になる（↑出発する）
「お（ご）……なさる」	お話しなさる（↑話す）　ご心配なさる（↑心配する）
尊敬の意味をもつ動詞（尊敬動詞）	なさる（↑する）　いらっしゃる（↑いる・行く・来る）　おっしゃる（↑言う）　召《め》しあがる（↑食べる）

もっとくわしく

▼**尊敬の「れる」「られる」の特徴《とくちょう》** 「れる」「られる」は、受け身・可能・自発・尊敬の四つの意味をもつ助動詞（→p.86参照）。尊敬の意味で使われるときの特徴は次の二点。

① **敬意を表すべき人物の動作につく。**
② **ほかの尊敬語に言いかえられる。**

見分けるときの目安にしよう。

ここに注意

▼**尊敬の「れる」「られる」の使い方** 助動詞「れる」「られる」をつけることで、尊敬の意味を表すことができる。しかし、

食べられる　言われる

のような言い方は、場面によっては「食べられてしまう」「言われてしまう」という受け身の意味にとられてしまう可能性がある。

召しあがる　おっしゃる

という尊敬の動詞を、ぜひ覚えておこう。

必修問題

1 《尊敬語の識別》 **次の各文中の――線部のうち、尊敬語でないものはどれか。番号で答えなさい。**

① 保護者の皆様《みなさま》ありがとうございます。
② どなたがお越《こ》しになったの。
③ 先生に私語を注意された。
④ 先ほど電話を取られたのはお姉さんね。

2 《尊敬語への変換《へんかん》》 **次の各文中の――線部を尊敬語に直しなさい。ただし、それぞれ二通りずつ示すこと。**

① 田中《たなか》さんなら、もう帰ったよ。
② 先生は何と言うだろう。
③ 今夜は和食を食べるらしい。
④ 明日、出発する。

3 《尊敬動詞の意味》 **次の各文中の――線部「いらっしゃる」は、「いる」「行く」「来る」のどの意味にあたるか、答えなさい。**

① ご夫婦《ふうふ》でよく旅行にいらっしゃるみたいよ。
② あちらにいらっしゃるのがお母様ですか。
③ 遠いところをよくいらっしゃいました。

これでわかるコーチ

1
(1) **尊敬語**とは、次のような言葉だと考えよう。
敬意を表すべき人や、その身内の人を、高めて呼ぶ言葉
……**あの方　あなた　加藤《かとう》さん　奥様《おくさま》　御《ご》兄弟　お父上**
(2) 敬意を表すべき人の動作を高めて言う言葉
……**話される　お話しになる　お話しなさる　おっしゃる**
(3) 敬意を表すべき人の様子や、関係する物事を高めて言う言葉
……**お優《やさ》しい　お声　お姿　お召し物　御病気　御不幸**

① 「ありがとうございます」は「ありがとう」という感謝の言葉を丁寧に言った丁寧語。敬意を表すべき人の動作でも様子でもない。
③ 「注意された」のは、「私語」をした生徒。「先生」は動作の主ではなく、これは受け身の文である。ほかの尊敬語に言いかえることもできない。
④ 例えば「先ほど電話をお取りになったのはお姉さんね」と言いかえられる。

2 動詞の部分を尊敬語にする方法は、次の三つである。使い分けを考えよう。

> ポイント
> **尊敬語への言いかえ**
> ① **「れる」「られる」**をつける。
> ② **「お(ご)～になる」「お(ご)～なさる」**の形にする。
> ③ **尊敬動詞**を使って言いかえる。

3 **「いらっしゃる」**には、**三つの意味がある**。見分けるには、敬意のない動詞をあてはめて考えるとよい。なお、**「おいでになる」も、同じ三つの意味がある**。

答え
1 ①・③
2 ①帰られた・お帰りになった　②言われるだろう・おっしゃるだろう　③お食べになるらしい・召しあがるらしい(食べられるらしい)　④出発される・ご出発になる(出発なさる)
3 ①行く　②いる　③来る

37 敬語② ―謙譲語

謙譲語 ―― 話し手(書き手)が、話題にしている人物のうち、その**動作を受ける者**を高めて扱うことで、敬意を表す敬語。

謙譲語の成り立ち	用例
接頭語《せっとう》がついた語	粗品《そしな》　拙宅《せったく》　愚息《ぐそく》
接尾語《せつび》がついた語	わたくしめ　わたしども
「お(ご)……する」	お待ちする(↑待つ)　ご報告する(↑報告する)
「お(ご)……申す(いたす)」	お尋《たず》ね申す(↑尋ねる)　お願いいたす(↑願う)
謙譲《けんじょう》の意味をもつ動詞(謙譲動詞)	申す(↑言う)　いたす(↑する)　あげる(↑やる)　伺《うかが》う(↑行く・聞く)　拝見する(↑見る)
謙譲の意味をもつ名詞	家内《かない》(↑妻)　せがれ(↑息子《むすこ》)　わたくし(↑わたし)　手前(↑わたし)

尊敬・謙譲の補助動詞 ―― 尊敬・謙譲の動詞の中には、**補助動詞**としても使われるものがある(例文の左側が補助動詞)。

1 尊敬動詞 「いらっしゃる」「くださる」……例
あそこにいらっしゃる。
座《すわ》っていらっしゃる。
手紙をくださる。
届けてくださる。

2 謙譲動詞 「あげる」「さしあげる」「いただく」……例
この本を君にあげる。
この本を読んであげる。
手紙をいただく。
教えていただく。

もっとくわしく

▼ **よく使われる謙譲動詞** 尊敬動詞(なければほかの形の尊敬語)とセットで覚えておこう。

普通《ふつう》	尊敬	謙譲
する	なさる	いたす
食べる	召《め》しあがる	いただく
言う	おっしゃる	申す　申しあげる
行く	いらっしゃる　おいでになる	参る
来る		伺う
いる		おる
見る	ご覧になる	拝見する
もらう	(おもらいになる)	いただく
聞く	(お聞きになる)	伺う　承《うけたまわ》る
思う	(お思いになる)	存ずる
知る	(お知りになる)	存じあげる
やる	(おやりになる)	あげる
与える	(お与えになる)	さしあげる
会う	(お会いになる)	お目にかかる

用語

▼ **丁重語《ていちょう》** 謙譲語の中で、自分側の行為《こうい》、物事などを、聞き手に対して丁重に述べるものを丁重語ということがある。

例 明日から海外に参ります。

必修問題

❶《謙譲語への変換《へんかん》》次の各文中の――線部を謙譲語に直しなさい。

① 先生の意見を聞く。
② 注意事項《じこう》を言う。
③ 隣家《りんか》に旅行の土産《みやげ》をやる。
④ 学生時代の恩師を招く。

❷《謙譲動詞の意味》次の各文中の――線部「伺う」は、「行く」「来る」「聞く」のどの意味にあたるか、答えなさい。

① ご結婚《けっこん》が決まったと伺いましたが。
② 来週そちらに伺います。
③ 突然《とつぜん》伺ったのにはわけがあるのです。

❸《尊敬語と謙譲語》次の各文中の――線部について、尊敬語にはA、謙譲語にはBの記号を書きなさい。

① 山田《やまだ》先生のことはよく存じあげています。
② 私の隣《となり》の席におつきになった。
③ もっと早くお願いしておけばよかった。
④ 母もお目にかかりたいと申しております。
⑤ ぜひ、私にも知らせてください。

これでわかるコーチ

❶ 謙譲語の一つに、「お～する」の言い方があるが、②・③で、「お言いする」「おやりする」とするのは謙譲語としてふさわしくない。ここでは、同じ意味を表す**謙譲動詞を使って**変えないといけない（右ページ下段参照）。

❷ **「伺う」には三つの意味がある**ので注意しよう。このほか、複数の意味をもつ謙譲動詞に**「いただく（←もらう・食べる）」「存じあげる（←思う・知る）」**などがある。

❸ **形から見分ける**方法以外に、**尊敬語と謙譲語との区別**は次のようなやり方でできる。

ポイント

●尊敬語と謙譲語の区別

主語が**自分**（または、**自分の側の人**）の場合 → **謙譲語**

主語が**目上の人**の場合 → **尊敬語**

日本語では主語が省略されることが多いから、次のように**主語を入れて考えてみる**。①「私」、②「目上の人」、③「私」、⑤「目上の人」。

⑤では「私」を主語と取り違《ちが》えるかもしれないが、「知らせてくださる」のは「目上の人」である。

「ください」は「くださる」の命令形だが、尊敬動詞の命令形は語尾《ごび》が「い」になるという特徴《とくちょう》があるので覚えておくとよい。

例 いらっしゃい　おっしゃい　なさい　ください　ご覧なさい　おいでなさい

（ただし「召しあがる」の命令形は「召しあがれ」になる）

答え

❶ ①お聞きする・伺う・承る　②申しあげる・申す　③さしあげる・あげる　④お招きする　❷ ①聞く　②行く　③来る　❸ ①B　②A　③B　④B・B　⑤A

38 敬語③ ―丁寧語

丁寧語

――話し手（書き手）が、聞き手（読み手）に対して、改まった気持ちで丁寧に言い、聞き手を高めて扱うことで、敬意を表す敬語。

丁寧語の成り立ち	用例
接頭語《せっとう》がついた語	お茶　お菓子《かし》　ご飯
「ます」「です」がついた語	食べます（←食べる）　生徒です（←生徒だ）
丁寧《ていねい》の意味をもつ動詞	ございます（←ある）

敬語の重なり

――尊敬語と丁寧語は重ねて使われることが多い。また、謙譲語と丁寧語も同様である。

1 **尊敬語＋丁寧語**……例 先生が**いらっしゃい**　ました。
どうぞのんびりと**なさい**　ませ。
山本《やまもと》さんはそのように**話され**　ませんでした。

2 **謙譲語《けんじょう》＋丁寧語**……例 お手紙**拝見し**　ました。
こちらから**ご連絡《れんらく》し**　ましょうか。
お願いいたし　ます。

もっとくわしく

▼**「ます」と「です」**　「ます」は丁寧を表す助動詞で、「です」は丁寧な断定を表す助動詞（→p.94参照）。

▼**敬体《けいたい》と常体《じょうたい》**　文末表現が「です・ます」調の文を敬体、「だ・である」調の文を常体という。

▼**補助動詞の「ございます」**
例 何か質問は**ございません**か。
この問題は難しゅう**ございます**。（補助動詞）

用語

▼**美《び》化《か》語**　話し手が、聞き手に対する丁寧さというよりも、自身の言葉遣《づか》いを美しく上品にしようとして用いる言葉を美化語という。
例 もうすぐ**お昼**ね。
このお店の**お団子**は、おいしいのよ。

必修問題

1 《丁寧語への変換《へんかん》》 **次の各文中の——線部を丁寧語に直しなさい。**

① この角を曲がると交番がある。
② 故郷には年老いた両親がいる。
③ 先生はおでかけになった。
④ その件はすぐ解決するだろう。

2 《敬語の重なり》 **次の各文中の——線部を、A尊敬語＋丁寧語、B謙譲語＋丁寧語、C丁寧語に直しなさい。**

① もう少し待つか。
② 来週には訪ねるだろう。
③ 部屋に通した。

3 《正しい敬語》 **次の各文には、敬語の使い方に誤りや不適当な箇《か》所《しょ》がある。正しい表現に直しなさい。**

① 私のお父さんは入院中です。
② 先輩《せんぱい》がお話しすることを、みんなでお聞きしよう。
③ ご乗車になります方には切符《きっぷ》をお配りします。
④ ごゆっくりお召《め》しあがりになってください。
⑤ 先生がおっしゃられたことを思い出す。

これでわかるコーチ

1 **丁寧語**にする場合、**助動詞「です」「ます」を加える**とよいのだが、丁寧の意味を含《ふく》む動詞**「ございます」に変える**ときもある。③は、「おでかけになる」という尊敬語に丁寧語を重ねてみよう。文末が「〜た」という過去形であることにも注意すること。④の「だろう」は丁寧に言いかえると「でしょう」。

2 まず**尊敬語・謙譲語・丁寧語の基本的な形**を押《お》さえよう。

ポイント
尊敬語……「お〜になる」「ご〜になる」
謙譲語……「お〜する」「ご〜する」
丁寧語……「です」「ます」

① A「お待ちになる」、B「お待ちする」、C「待つ」にそれぞれ「ます」と「か」をつける。付属している助動詞や助詞を忘れないこと。

3 日常的な表現だが、改めて見ると誤った表現をしているものである。
① 身内のことを他人に話す場合は、謙譲語を使う。「お父さん」は尊敬語。
② 「お話しする」は謙譲語なので、「先輩が」という主語と対応しない。
③ 「ます」は文の途中《とちゅう》にある場合は省いた方がよい。
④ 尊敬動詞「召しあがる」と「お〜になる」で、尊敬語が二重になっている。
⑤ 尊敬動詞「おっしゃる」と尊敬の助動詞「れる」が二重になっている。

答え

1 ①ありますˑございます ②います ③おでかけになりました ④解決するでしょう **2** ①Aお待ちになりますか Bお待ちしますか C待ちますか ②Aお訪ねになるでしょう Bお訪ねするでしょう C訪ねるでしょう ③Aお通しになりました Bお通ししました C通しました **3** ①私の父は入院中です。 ②先輩がお話しになることを、みんなでお聞きしよう。 ③ご乗車になる方には切符をお配りします。 ④ごゆっくり召しあがってください。 ⑤先生がおっしゃったことを思い出す。

チェックテスト12

解答▼別冊 p.24〜27

得点　／100

1

次の各語に対応する尊敬語と謙譲《けんじょう》語を、あとのア〜スから選び、記号で答えなさい。〈10点＝2点×5〉

① 食べる　② 言う　③ する　④ 見る　⑤ 来る

ア おっしゃる　イ なさる　ウ 参る　エ いただく
オ あげる　カ ご覧になる　キ いらっしゃる
ク 拝見する　ケ 申しあげる　コ くださる
サ いたす　シ 召《め》しあがる　ス 存じる

①　②　③　④　⑤

2

次の各文中の——線部が、尊敬語であればA、謙譲語であればB、丁寧《ていねい》語であればCとそれぞれ答えなさい。〈6点＝1点×6〉

① ご連絡《れんらく》していただき、ありがとうございます。
② このお菓子《かし》はとてもおいしいですね。
③ 近所の方から、野菜をいただいた。
④ 明日の集会には、おいでになりますか。
⑤ 先生はそのことをご存じだった。
⑥ 私はこの学校の生徒でございます。

①　②　③　④　⑤　⑥

3

次の各組のア〜エの——線部の敬語について、種類が異なるものをそれぞれ一つずつ選び、記号で答えなさい。〈3点＝1点×3〉

①
ア ご注文をお伺《うかが》いします。
イ いらっしゃいませ。
ウ どちらからお越《こ》しになりましたか。
エ ごゆっくり、お召しあがりください。

②
ア 子どもたちと遊んでくださる。
イ お手伝いいたしましょうか。
ウ 荷物を持ってさしあげる。
エ お電話させていただきます。

③
ア お休みなさっています。
イ まもなくお帰りになるでしょう。
ウ おっしゃることはわかります。
エ 手紙をくださった。

4

次の各文中の——線部を尊敬語に直しなさい。〈12点＝2点×6〉

① 先生は何を食べたのですか。
② 明日、吉本《よしもと》さんは九時に来る。
③ 監督《かんとく》が、少し休んでもいいよと言った。
④ お医者様が、薬をくれた。

⑤ ご両親が心配するよ。
⑥ あそこに座《すわ》っているのが私の上司だ。

①　②　③　④　⑤　⑥

5 次の各文中の——線部を謙譲語に直しなさい。〈10点＝2点×5〉

① 間違《まちが》ったところを正してもらう。
② おいしい手料理を食べる。
③ 先日のお礼を言う。
④ お世話になった人にお歳暮《せいぼ》をやる。
⑤ 先生に、昨日の出来事を報告する。

①　②　③　④　⑤

6 次の各語の謙譲語を答えなさい。〈3点＝1点×3〉

① 妻　② 息子《むすこ》　③ わたし・自分

①　②　③

7 次の各文中の——線部を丁寧語に直しなさい。〈15点＝3点×5〉

① 娘《むすめ》は今年で十歳《じっさい》になる。
② その書類は隣《となり》の部屋にある。
③ 先生がいらっしゃる。
④ 忘れ物はないか。
⑤ 明日はピクニックにでかけよう。

①　②　③　④　⑤

8 次の各文中の□にふさわしい語をあとのア～クから選び、記号で答えなさい。同じものを何度選んでもよい。〈12点＝2点×6〉

① 先生は、いつも丁寧に教えて□。
② お年寄りに、戦争の話を□。
③ あそこに□のはどなたですか。
④ 先生が、生徒の作品を□。
⑤ お医者様の□ことをよく聞きなさい。
⑥ お隣《となり》さんに、旅行のお土産《みやげ》を□。

ア 伺う　イ 拝見する　ウ さしあげる
エ 申しあげる　オ ご覧になる　カ いらっしゃる
キ おっしゃる　ク くださる

①　②　③　④　⑤　⑥

9

次の各文中の――線部を正しい敬語表現に直しなさい。〈8点＝2点×4〉

① 校長先生が一言申しあげると、生徒は静かになった。

② 先生がケーキをいただいている。

③ 社長が自社工場の仕事を見に来た。

④ 恩師から手紙をもらった。

①

②

③

④

10

次の各文中の――線部の敬語を正しく書き直しなさい。また、その説明として適当なものをあとのア～オから選び、記号で答えなさい。〈15点＝3点×5〉

① うちの父はあなたのお父様のことをよくご存じですよ。

② あなたが実際にご覧になってお感じになったことを言ってくれ。

③ 孫に久しぶりにお会いするのが楽しみだ。

④ 先生がそんなことをいたしては困ります。

⑤ この雑誌の今月号、もうお読みになられましたか。

ア 尊敬語であるべきところに謙譲《けんじょう》語を使っている。

イ 謙譲語であるべきところに尊敬語を使っている。

ウ 使うべきでないところに敬語を使っている。

エ 使うべきところに敬語を使っていない。

オ 敬語が過度になっている。

①

②

③

④

⑤

11

次の各場面における敬語の使い方として適切なものを、それぞれア～エから選び、記号で答えなさい。〈6点＝2点×3〉

① まさおさんが、遠くに住む親戚《しんせき》のおじさんからかかってきた電話に出たとき。

ア「お父さんが、近いうちにおじさんの所に参ると言っていました。」

イ「父が、近いうちにおじさんの所に伺うと申していました。」

ウ「父が、近いうちにおじさんの所へいらっしゃるそうです。」

エ「父が、近いうちにおじさんの所へ伺うとおっしゃっていました。」

② 高校生の陽子《ようこ》さんが、中学校のときの担任の先生に手紙を書くとき。

ア「卒業式で、先生の申されたことが忘れられません。」

イ「卒業式で、先生の言われたことがお忘れできません。」

ウ「卒業式で、先生のおっしゃったことが忘れられません。」

エ「卒業式で、先生の話したことが忘れられません。」

③ 学校の先生が家庭訪問に来て、お茶を出すとき。

ア「先生、どうぞ飲んでください。」

イ「先生、どうぞお飲みになられてください。」

ウ「先生、どうぞお召しあがられてください。」

エ「先生、どうぞお召しあがりください。」

①

②

③

7

入試問題にチャレンジ

文法学習の総仕上げ。
高校入試問題にチャレンジして、自分の実力をチェックしよう。

ファイナルチェック①―入試問題に挑戦《ちょうせん》しよう

時間 20分　解答▼別冊 p.27～28

得点　／100

1 次の各問いに答えなさい。　〈42点＝7点×6〉

問一　次の文の文節の数を書きなさい。（沖縄県）

二〇〇八年に登場した「琉神《りゅうじん》マブヤー」は、沖縄《おきなわ》の正義を守るヒーローだ。

問二　「みんなを待っていた」を単語に分けるとどうなるか。最も適当なものを次のア～エから一つ選び、記号で答えなさい。（三重県）

ア　みんなを｜待っていた
イ　みんなを｜待って｜いた
ウ　みんな｜を｜待っ｜て｜いた
エ　みんな｜を｜待っ｜て｜い｜た

問三　次の文の――線部と品詞が同じものはどれか。あとの**ア**～**エ**から一つ選び、記号で答えなさい。（東京　産業技術高専・改）

● 身近な草花に親しみを感じます。

ア　一回り大きなサイズの帽子《ぼうし》を探しています。
イ　負けた時の悔《くや》しさから学ぶことも多くある。
ウ　彼《かれ》は何が起きても少しも動じない。
エ　こうしてお目にかかれることを喜ばしく思っています。

問四　次の**ア**～**エ**の中から普通《ふつう》名詞を選び、記号で答えなさい。（東京　十文字高・改）

ア　枕草子《まくらのそうし》　**イ**　和歌　**ウ**　醍醐《だいご》天皇　**エ**　京都

問五　次の――線部**ア**～**エ**の四つの動詞のうち、一つだけ活用形の異なるものがある。それを記号で答えなさい。（千葉県）

ア　何かをやろうと思ったときに、さまざまな情報があり、安易な道、やさしい道が目の前に数多くある。
イ　選択《せんたく》の余地なくその道を歩んだけれど、
ウ　「何をやっているのだ」と思うこともあるだろう。
エ　あとになってプラスになったということはいろいろある。

問六　次の文の――線部の動詞と同じ活用のしかたをするものを、あとの**ア**～**エ**の――線部の動詞の中から一つ選び、記号で答えなさい。（静岡県）

● このことから思い起こされるのは、……

ア　五分も歩けば着くだろう。
イ　帰ったら家の手伝いをする。
ウ　母校の勝利を信じている。
エ　簡単に答えることができた。

❷ 次の各問いに答えなさい。

〈42点＝7点×6〉

問一 次の文の――線部の「れる」と同じ意味で使われているものを、あとのア～エから一つ選び、記号で答えなさい。（奈良県）

● 師匠《ししょう》から教わったいろいろの約束事に縛《しば》られることもあるだろう……

ア ふるさとに帰ると、昔のことが思い出される。
イ 隣《となり》のおじいさんには高校生のお孫さんがおられる。
ウ 彼女《かのじょ》の誕生日を祝うパーティーに招かれる。
エ 朗読の手本として、まず先生が読まれる。

問二 「学校祭の準備で、今週はとても忙《いそが》しい。」の――線部と、文法的に同じ意味・用法のものはどれか。次のア～エから一つ選び、記号で答えなさい。（栃木県）

ア 生徒が帰った後の教室はとても静かで、物音一つしない。
イ ここ二、三日の暖かさで、桜のつぼみがふくらんできた。
ウ 僕《ぼく》の弟は小学生で、野球チームのキャプテンをしている。
エ 朝食後に新聞を読んで、散歩に出かけるのが父の日課だ。

問三 次の文の――線部a・bの「より」と同じ品詞の単語を、あとのア～オから、それぞれ一つずつ選び、記号で答えなさい。（長野県）

● 自分たちの組織内で業務を行うよりもより高い成果が期待できる。

ア 弟と遊ぶ。　イ あの山に登る。
ウ ひたすら歩く。　エ 友のために歌う。
オ 雨が降らない。

a　b

問四 次の文の――線部の助詞「ながら」と同じ意味・用法のものを、あとのア～エから一つ選び、記号で答えなさい。（大分県）

● 海生《かいせい》は風を見ながら、慎重《しんちょう》に舵《かじ》を切った。

ア 子どもながらに厳しい試練によく耐《た》えた。
イ 公園の中を散歩しながらお話ししましょう。
ウ 昔ながらの町並《な》みを保存するたたずまい。
エ 及《およ》ばずながら私もその企画《きかく》に協力します。

問五 次の文中の＝＝線部が修飾《しゅうしょく》している部分を、同じ文中のア～オから一つ選び、記号で答えなさい。（福島県・改）

そのとき、僕は、あの犯《おか》した罪は、もう ア償《つぐな》いの イできない ウものだと エいうことを オ悟《さと》った。

❸ 次の文章は、年上の人に書いた手紙の一部分である。――線部(1)の「もらった」、(2)の「聞きたい」を、それぞれ適切な敬語表現に直して書きなさい。

〈16点＝8点×2〉（新潟県）

先日は大変お世話になり、ありがとうございました。
山登りに慣れていないので、つらい思いもしましたが、登り切った時の気持ちは何ものにも代え難《がた》いものでした。山の上で、あなたから(1)もらったオレンジの味が忘れられません。
またいつか、山のお話をいろいろと(2)聞きたいと思います。

(1)

(2)

ファイナルチェック②―入試問題に挑戦《ちょうせん》しよう

時間 20分
解答▼別冊p.28～30
得点 ／100

❶ 次の各問いに答えなさい。

〈45点＝5点×9〉

問一 「回数券は一枚ずつ減っていく」を文節に分けるとどうなるか。最も適当なものを、次のア～エから一つ選び、記号で答えなさい。（三重県）

ア 回数券は／一枚ずつ／減っていく
イ 回数券は／一枚ずつ／減って／いく
ウ 回数券は／一枚／ずつ／減っていく
エ 回数券は／一枚／ずつ／減って／いく

□

問二 次の文について、――線部の語の品詞をあとの語群ア～クからそれぞれ一つずつ選び、記号で答えなさい。（東京　多摩大目黒高）

① 彼《かれ》が何でその話をしたのか分からない。
② 私が着いた時、バスは既《すで》に出発してしまっていた。
③ 僕《ぼく》の荷物だけが少ない。
④ その文字は彼が書いた。
⑤ そこから見ると、のどかな春の田んぼが広がっていた。

《語群》
ア 形容詞　**イ** 副詞　**ウ** 形容動詞　**エ** 名詞
オ 助詞　**カ** 連体詞　**キ** 助動詞　**ク** 動詞

① □　② □　③ □　④ □　⑤ □

問三 「昨日はおなかが痛かった。」の――線部と、同じ品詞のものはどれか。次のア～エから一つ選び、記号で答えなさい。（栃木県）

ア 痛みを分かちあってこそ、真の友達と言える。
イ もう熱も下がったし、頭もそれほど痛まない。
ウ 幼い男の子が頭を柱にぶつけ、泣いて痛がる。
エ 歯が痛ければ、早く歯医者に行った方がいい。

□

問四 次の文の――線部の「染まる」と、同じ活用の種類の動詞を含《ふく》む文を、あとのア～エから一つ選び、その記号で答えなさい。（高知県）

● イチョウの葉が黄金《こがね》色に染まる。

ア 昨夜はあまりにも寒かったので重ね着をした。
イ 私の趣味《しゅみ》は休みの日にゆっくりと本を読むことだ。
ウ この数学の問題は公式を用いれば簡単だ。
エ この仕事を軌道《きどう》に乗せるにはもうひと工夫《くふう》が必要だ。

□

問五 次の文の――線部の「もし」はどの言葉を修飾《しゅうしょく》しているか。その言葉を文中から一文節でそのまま抜《ぬ》き出して書きなさい。（高知県）

もしあの時彼がいなかったら町はどうなっていただろう。

□

2 次の各問いに答えなさい。 〈21点＝7点×3〉

問一　次の文の――線部「ない」と用法・働きが同じものはどれか。最も適当なものをあとのア～エから一つ選び、記号で答えなさい。（三重県）

● 基本的には物と物のあいだの何もない空間のことだ。

ア　予想もしないことが突然《とつぜん》起こった。
イ　今日は野球の練習がない日だ。
ウ　やらなければならない仕事がある。
エ　ずっと変わらないものがある。

問二　次の文の――線部と文法的に同じ意味・用法のものはどれか。あとのア～エから一つ選び、記号で答えなさい。（栃木県）

● 彼女《かのじょ》はとても悲しそうだ。

ア　台風の影響《えいきょう》で、激しい雨が降るそうだ。
イ　今度の試合では、僕たちが勝てそうだ。
ウ　飛行機の到着《とうちゃく》は、一時間遅《おく》れるそうだ。
エ　ノルウェーの冬は、かなり寒いそうだ。

問三　次の文の――線部「に」と同じ働きで用いられている「に」を含む文を、あとのア～エから一つ選び、記号で答えなさい。（神奈川県）

● 今日はいつもより早く学校に向かった。

ア　彼女はうれしそうに笑った。
イ　宿題はすでに終わっている。
ウ　花壇《かだん》の花がきれいに咲《さ》いた。
エ　転校した友人に手紙を書く。

3 次の文の――線部a・bの「の」と同じ働きのものを、あとのア～エからそれぞれ選び、記号で答えなさい。 〈14点＝7点×2〉（東京　成城高）

さまざまな公共建築を、並木道の行きどまりや広場、水辺などの、建物うつりの[a]よい格別の場所におさめるの[b]も、共同体へ帰依《きえ》する精神の造形表現なのである。

ア　彼の食べたのはパンです。
イ　彼女の食べたのはご飯です。
ウ　彼の本は面白《おもしろ》かった。
エ　その本は面白かった。

a □　b □

4 次の文の――線部「られる」と意味・用法が同じものを、あとのア～エから一つ選び、記号で答えなさい。 〈7点〉（富山県）

そのいい例が「結構です」という慣用語であろう。この場合の「結構」というのは、「申し分のない」「たいへんよい」という意味であるが、同時に拒絶《きょぜつ》の意志を表明する際にも用いられる。

ア　旧友に声をかけられる。
イ　美しい草花が見られる。
ウ　春の気配が感じられる。
エ　先生が入って来られる。

5 次の文の――線部と＝＝線部の関係が適切になるように、＝＝線部を書き直しなさい。 〈13点〉（埼玉県）

最近、私が決意したことは、人の話を最後まできちんと聞きたいと思った。

ファイナルチェック③—入試問題に挑戦《ちょうせん》しよう

時間 20分

解答▼別冊 p.30～31

得点 ／100

❶ 次の各問いに答えなさい。 〈56点＝8点×7〉

問一 「自然に大きな変動を与《あた》えることはなかったように」を単語に分けると、最後の単語は「ように」となり、十一の単語に分けることができる。このとき最初から六番目の単語を書きなさい。また、その品詞名を書きなさい。（徳島県）

問二 「この四季の変化」の「この」と品詞が同じものを、次の**ア**～**エ**から一つ選び、記号で答えなさい。（滋賀県）

ア そう遠くはなかろう

イ ある深さから下層の雪の中は

ウ そこに息づく生きものたち

エ ただ遠い景色としてながめる

問三 次の文の——線部と同じ活用形のものはどれか。あとの**ア**～**エ**から一つ選び、記号で答えなさい。（栃木県）

● 彼《かれ》の家にうれしい知らせが届いた。

ア 今年の夏は例年よりとても暑い。

イ 日曜日のデパートはにぎやかだ。

ウ これは卒業の記念に描《か》いた絵だ。

エ 電話で祖母の元気な声を聞いた。

問四 次の文の——線部の「答え」の活用の種類を、あとの**ア**～**エ**から一つ選び、記号で答えなさい。（高知県）

● 子どもたちは、私の質問に口々に答えてくれた。

ア 五段活用　**イ** 下一段活用

ウ カ行変格活用　**エ** 上一段活用

問五 次の文の——線部「ばかり」と同じ意味・用法で用いられているものはどれか。あとの**ア**～**エ**から一つ選び、記号で答えなさい。（東京　国分寺高）

● どれも今日の問題とつながるものばかりである。

ア うたた寝《ね》をしたばかりに、風邪《かぜ》を引いてしまった。

イ 泳ぎ疲《つか》れたので、一時間ばかり眠《ねむ》ることにした。

ウ わたしも妹もその推薦《すいせん》図書を読んだばかりです。

エ 静寂《せいじゃく》の中、聞こえてくるのはせみの声ばかりだ。

問六 次の文の——線部の「で」と言葉のきまりや意味のうえで同じ「で」を含《ふく》む文を、あとの**ア**～**エ**から一つ選び、記号で答えなさい。（高知県）

● 案内された部屋は静かで広かった。

ア 遠足は雨で中止された。

イ 用紙はボールペンで記入する。

ウ あの人は親切で優《やさ》しい人だ。

エ 映画は三時で終わると聞いた。

2

次の文について、あとの問いに答えなさい。〈18点＝9点×2〉（長崎県）

ある春の日にふとその古歌が自らの実感として口から洩《も》れ出ることがある。

問一 「ふと」の品詞名を書きなさい。

問二 「ふと」が係っていく語句を次のア～エから一つ選び、記号で答えなさい。

ア 自らの　**イ** 実感として
ウ 口から　**エ** 洩れ出る

3

次の文中の――線部ア～エの「ある」のうち、他の三つと品詞が異なるものを一つ選び、記号で答えなさい。〈7点〉（富山県）

しかし、グローバリゼーションそのものは、危機でもなんでもない。アある文化が主流になるという動きは、これまでもあったし、これからもあるだろう。

ただ、もしイある文化が、その文化にとっては一風変わったと考えられるライフスタイルや価値観の存在を認めず、抑圧《よくあつ》しようとするなら、それは人類の生存にとってたいへん危険なことである。ウある特定の文化への極端《きょくたん》な固執《こしつ》や信仰《しんこう》は、氷河期の終わりにあたって発揮された人類の適応力を失わせてしまうかもしれないからだ。

それなら、いまエある文化の多様性を維持《いじ》するために、私たちは何ができるだろうか。

4

次の文中の――線部ア～エの「ない」のうち、文法上の性質が異なるものを一つ選び、記号で答えなさい。〈7点〉（石川県）

しかも外側のぬれた木肌《きはだ》からは全く考えられアないことに、そこは乾《かわ》いていた。林じゅうがぬれているのに、そこは乾いていた。古木の芯《しん》とおぼしい部分は、新しい木の根の下で、乾いて温味《ぬくみ》をもっていた。古木が温度をもつのか、新樹が寒気をさえぎるのか。この古い木、これはただ死んじゃいないんだ。この新しい木、これもただ生きているんじゃないんだ。生死の継目《つぎめ》、輪廻《りんね》の無惨《むざん》をみたって、なにもそうこだわることはイない。あれもほんのいっ時のこと、そのあとこの温味がもたらされるのなら、ああそこをうっかり見落とさなくて、なんと仕合わせだったことか。木というものは、こんなふうに情感をもって生きているものなのだ。今度はよほど気を配らウないと、木の秘《ひ》めた感情はさぐれエないぞ、とも思った。

（幸田文《こうだあや》『木』による）

5

次は、中学校に入学した正夫《まさお》さんが、小学校の担任の先生に出したはがきの一部です。――線部を、尊敬語と謙譲語《けんじょうご》を使って、適切に表現しなさい。〈12点〉（山形県）

近いうちに、先生がご自宅にいる時、遊びに行くつもりです。その時、たくさんお話しいたします。またお会いできる日を楽しみにしています。

わかるゼミ

語の識別法をしっかりマスターしよう！

文法の問題では、品詞の紛《まぎ》らわしい言葉を見分ける問題がよく出される。次に挙げた言葉を見分けられるようにしよう。

語	品詞	用例	識別法
ある	① 動詞	飛《と》び込《こ》み台のあるプール。	「存在する」と言いかえられる。
	② 連体詞	夏の夜のある出来事。	「存在する」と言いかえられない。
が	① 格助詞	校長先生が、お話しになる。	「だれが」「何が」のように主語を表す。
	② 接続助詞	正月は来たが、楽しくもない。	二つの文をつなぐ働きをする。
	③ 接続詞	空は快晴だ。が、波は高い。	自立語で、文の最初にくる。
で	① 格助詞	公園で音楽会が開かれる。	場所・手段・材料・理由を表す。
	② 接続助詞	二階の窓から飛んでみた。	動詞の音便《おんびん》形「い」「ん」につく。
	③ 助動詞(断定)	ここは山の中である。	名詞につき、「～な」の形は不自然になる。
	④ 形容動詞の活用語尾《ごび》	山の中は静かである。	「で」を「な」に変えると体言に続く。
ない	① 形容詞	この本はおもしろくない。	「ない」の直前に「は」「も」を入れられる。
	② 助動詞(打ち消し)	あまり本を読まない。	「ぬ」で言いかえられる。
	③ 形容詞の一部	その本はつまらない。	直前の部分とあわせて一つの語になる。
だ	① 形容動詞の活用語尾	花がきれいだ。	「だ」を「な」に変えると体言に続く。
	② 助動詞(断定)	美しい花だ。	名詞につき、「～な」の形は不自然になる。
	③ 助動詞(過去など)	花をつんだ。	動詞の音便形「い」「ん」につく。

また	① 副詞 ② 接続詞	今朝もまたあの人に会った。 よく遊び、またよく学びなさい。	再び(again)で言いかえられる。 そして(and)で言いかえられる。
らしい	① 助動詞(推定) ② 形容詞の一部(接尾語)	今日はデパートは休みらしい。 彼《かれ》はいかにも学者らしい人物だ。	「らしい」の直前に「である」を補える。 「〜にふさわしい」と言いかえられる。
れる	① 助動詞(受け身ほか) ② 動詞の一部	父にしかられる。 川が静かに流れる。	五段・サ変動詞の未然形につく。 直前の部分とあわせて一つの動詞になる。
でも	① 副助詞 ② 接続助詞 ③ 接続助詞＋副助詞 ④ 形容動詞の活用語尾＋副助詞 ⑤ 格助詞＋副助詞 ⑥ 助動詞(断定)＋副助詞	ちょっとお茶でも飲もうか。 何度呼んでも、返事がない。 車内はあまり混んでもいない。 それほど暖かでもない。 新聞でも報道された。 悪い人でもなかろう。	類推《るいすい》の意味や、例示としてだいたいのことを示す。 動詞の音便形の語につく。 「も」を取り除いても、文意は変わらない。 あとは、「で」の識別をする。
に	① 格助詞 ② 接続助詞の一部 ③ 助動詞の一部 ④ 形容動詞の活用語尾 ⑤ 副詞の一部	毎日、七時に起きる。 知らないのに、知ったふりをする。 終わったように思われる。 桜の花がきれいに咲《さ》いた。 ただちに出かけよう。	名詞につく。 「のに」で逆接の働きをし、「の」と離《はな》せない。 「ように」で一まとまりとなっている。 「〜だ」「〜な」と活用することができる。 「〜だ」「〜な」と活用することができない。
な	① 終助詞 ② 助動詞(断定) ③ 助動詞の一部 ④ 形容動詞の活用語尾 ⑤ 連体詞の一部	だれにも話すな。 春なのに、まだまだ寒い。 雪のような白さだ。 静かな湖畔《こはん》の森の中。 小さな魚しかいない。	文末にくる。 「の」「のに」「ので」に続くときだけ使う。 「ような」で一まとまりとなっている。 「〜だ」「〜に」と活用することができる。 「〜だ」「〜に」と活用することができない。

さくいん

□ 編集協力　㈱カルチャー・プロ　足達研太　大木富紀子
□ デザイン　二ノ宮匡（ニクスインク）
□ イラスト　小林孝文（AZZURRO）

シグマベスト
これでわかる
中学国文法

編　者　文英堂編集部
発行者　益井英郎
印刷所　中村印刷株式会社
発行所　株式会社文英堂
〒601-8121　京都市南区上鳥羽大物町28
〒162-0832　東京都新宿区岩戸町17
(代表)03-3269-4231

●落丁・乱丁はおとりかえします。

これでわかる 中学 国文法

解答・解説

文英堂

チェックテスト1

1 **6**

わたしは～捜《さが》した。家臣たちを～捜させた。しかし～見えなかった。わたしは～戻《もど》って来た。そして～目をやった。そこには～落ちていたのだ。

考え方 **言い切りになっているところは**、文章中に五か所ある。したがって、最後の文とあわせて六つの文からなる。また、「しかし」や「そして」の**つなぎの言葉が文の切れめを探す手がかり**となる。「女が座《すわ》っていた長いすに～」を「女が座っていた。長いすに～」としないように注意。

2 **①6　②6　③7**

① 私は、／都会には／ない／風景に／出会って／きた。
② この／青年は／村人に／選ばれた／働き手で／あった。
③ いろいろの／香りの／混ざった／心地《ここち》よい／風が／吹《ふ》いて／いる。

考え方 **「ネ」や「サ」を入れて不自然にならない切れめを探す。**①の「出会って／きた」や、③の「吹いて／いる」を一文節としないこと。②の「働き手で」は「働きネ手でネ」としてもよさそうだが、「働き手」で一つの意味を表すので途中《とちゅう》で切ってはいけない。

3 **文節…①3　②3　③6　④5**
単語…①6　②8　③10　④10

① 生き物｜の／さびしさ｜を／感じ｜た。
② 湖｜に｜は／白鳥｜が／い｜た｜よ。
③ 真ん中｜に／くり｜の／木｜が／一本／立っ｜て／いる。
④ 彼《かれ》｜が／探し｜て｜いる｜の｜は、／その／本｜です。

考え方 文節に区切る時に、③の「くりの／木が」は、「木(が)」を「くりの」が説明していると考える。一文節としないこと。**単語に分ける時には、付属語(助詞・助動詞)を見分けることが大切。**②の「には」は助詞の「に」「は」の二つからなっている。「いたよ」は、「い(動詞)＋た(助動詞)＋よ(助詞)」だ。④の「探し て いる の は」は五つの単語でできている。「その」を二単語としないこと。

4 **①小さくて かわいい　②蹴《け》ったり 投げたり**
③お父さんや お母さんの　④走って いる
⑤とって おいた　⑥かけて くれた

考え方 **並立《へいりつ》の関係は、順序を入れかえても文意が変わらない。**なお、文節ごと抜《ぬ》き出すことに注意する。③のような場合に「お父さん」「お母さん」としないように。
補助の関係は、下につく補助する語から見つける。「いる」「おく」「くれる」が、補助する語である。おもなものは覚えておこう。

5 **独立語…①みなさん　③春**
接続語…②熱っぽいので　④しかも　⑤晴れたけれども

考え方 **独立語は**、①と③にあるように**ほかの文節から独立している**ものである。①は「呼びかけ」で、③は「事柄《ことがら》の提示」である。
接続語は、あとの部分に対して**理由や条件を示している**ものである。②と⑤は、接続助詞がついてあとの文につながっている。

6
①c　②d　③b　④a
考え方 ①は順序を入れかえることが可能なので並立の関係である。②の「いる」は代表的な補助する語。③の「海で」は述語「泳ぐ」に係っており、主語ではないので連用修飾語《しゅうしょくご》である。④では、「できる」の主語は何かを考える。「子どもでも」を「子どもが」と言いかえても文意は通じる。

7
①主・述の関係　②補助の関係　③並立の関係
④修飾・被修飾の関係
考え方 前問と同じような問題である。①の「いない」は述語であるから、主語を考える。②は下の文節「ゆく」が、上の「更《ふ》けて」に補助的な意味を添《そ》えている。③は順序を入れかえることができる。④では、「かわいい」は「服を」をくわしく説明する文節である。

8
①わずかな→水しか　②私の→弟の　弟の→写真です
③テレビの→音が　うるさい→音が
考え方 連体修飾語とは、あとにくる体言《たいげん》(名詞)を含《ふく》む文節に係って、その意味内容をくわしく説明する文節のことである。③のように、連体修飾語は、体言文節のすぐ前にあるとは限らない。また、一つの文節に二つ以上の修飾語が係る場合もあるので気をつける。

9
①とても→美しかった　②服を→脱いだ
③公園で→食べた　弁当を→食べた　いっぱい→食べた
考え方 連用修飾語とは、用言《ようげん》(動詞・形容詞・形容動詞)に係って、その意味内容をくわしく説明する文節のことである。問題では、いずれも被《ひ》修飾語が述語になっている。②と③は主語が省略されている。また、③のように、連用修飾語も一つの文節に二つ以上の修飾語が係る場合があるので気をつける。

チェックテスト2

1
①昨日の夕方／ひどい雷《かみなり》が／東の空で／鳴っていた。
②学校の池には／たくさんの生き物が／すんでいる。
③今朝は気分が悪いので／学校を／休もう。
考え方 ①「鳴っていた」と②「すんでいる」は、補助の関係の連文節として、述部となっている。③のように、含まれる文節の多い連文節もある。ここでは、接続部の働きをしている。長さではなく、働きによって考えよう。

2
①画家である(述部)　②春と秋が(修飾部)
③赤と青(独立部)
考え方 ①は「画家で」と「ある」の部分が補助の関係となっている。②と③は並立の関係である。②は「好きだ」の述語に対する主語は省略されている。「春と秋が」を主部と間違《まちが》えないように注意する。③は、「事柄の提示」を表す独立部である。

3
①主部　②接続部　③主部　④修飾部　⑤独立部
⑥接続部
考え方 文の成分を考えるときは、まず主語(部)と述語(部)を押《お》さえ、

次に修飾語《しゅうしょくご》(部)などをとらえる。①では、「窓から差しこむ青白い」が「光(が)」を修飾し、「光が」が、述語「感じさせた」に対する主語である。②・⑥はあとの文の条件や理由を示している連文節である。③は、「も」を「が」としても文意は通る。④は述語「感じられた」をくわしく説明している。⑤は「事柄《ことがら》の提示」を表す独立部である。

4 ①ウ　②イ　③オ　④エ

考え方　前問と同じような問題である。①は、述部に係る連用修飾部である。②は、補助の関係の連文節が述部になっている。③は、五つの文節からなっているが、ほかの文の成分から独立している。④では、前の文に接続助詞がついてあとの文につながっている。

5 ①渡さない・修飾語　②本当に情けない人です・主語
③眠ります・修飾部　④やり直します・修飾語

考え方　述語(部)がほかの文の成分と位置をかえることを倒置《とうち》という。これによって、表現の効果をあげたり、相手の注意を引いたりする。述語(部)に係るものは、主語(部)以外は修飾語(部)である。①の「これだけは」は一見主語のように見えるが、「渡《わた》さない」に係る修飾語である。この文では主語は省略されている。

6 ①どしゃ降りの雨の中を(修飾部)　走っていった(述部)
②雨がやんだので(接続部)　遊んでいた(述部)
③探していたもの(独立部)　部屋のかぎだ(述部)

考え方　意味のまとまりごとに区切って考えてみる。
①「どしゃ降りの雨の中を」は述部「走っていった」をくわしく説明している部分である。
②「雨がやんだので」はあとの部分に理由となってつながっている。
③「探していたもの」は主部ではない。
①・②の述部は、補助の関係からなる連文節である。

7 a…エ　b…イ　c…ア　d…ウ　e…イ　f…ウ
g…ウ　h…オ　i…ア　j…イ

考え方　まず、文の終わりにくるのは述語(部)が多いことを念頭におき、それに係る部分をつかむ。①のaは、理由(原因)を示している。また、この文では主語は省略されている。②のdと③のf・gは、いずれも述語をくわしく説明しているものである。④のhは、あとの部分から独立している。

8 ①エ　②ウ　③ア　④イ

考え方　各文を文の成分で区切って、構造を調べる。
①「松本《まつもと》君」は独立語。「その本を」は述部「取ってくれ」に係る修飾部。
②「ので」に注目しよう。その前の部分が、理由(原因)を示す接続部となる。「今日の予定は」が主部で、「取り消しだ」が述語。
③「白い帽子《ぼうし》をかぶった髪《かみ》の長い」は「少女(が)」に係る連体修飾部だが、文の成分にはならない。この部分は主部の一部として扱《あつか》われる。
④「一頭の黒い大きな」が「犬(が)」の連体修飾部だが、「犬が」までを主部として扱う。「ゆっくりと」は述部「歩いてきた」に係る連用修飾語で、文の成分としては修飾語となる。

9 ア…主部　イ…修飾部　ウ…述語　エ…並立
オ…接続語　カ…修飾部　キ…連体修飾語　ク…補助

考え方　右側の——線部は文の成分を表し、左側の——線部は文節相《そう》互《ご》の関係を表している。
①の「老いも」「若きも」は並立の関係。
②の「落としてしまった」は補助の関係である。この関係は、下の文節が補助し、上の文節が補助されているので、修飾し、修飾される場合と、矢印の向きが逆であることに注意しよう。

10 ①で・た　②らしい　③そうだ　④たい

考え方　自立語のあとにつき、それだけでは文節が作れない付属語のうち、活用するものを助動詞という。活用しないものが助詞。助詞と助動詞の区別を明確にしておこう。
③の「そうだ」は一単語である。「だ」だけにしないように。

11 ①イ　②ア　③コ　④エ　⑤ケ　⑥オ
⑦キ　⑧ウ

考え方　品詞は、⑴自立語か付属語か、⑵活用するかしないか、⑶文中での働き、などをもとに決める。品詞分類表を覚えておこう。
③と⑤が付属語。活用しないものは③・④・⑥・⑦である。①・②・⑧は言い切りの形から判断できる。⑥は、用言（形容詞）「かわいい」を修飾していて、活用しない自立語である。

12 ①単文　②重文　③複文　④複文

考え方　単文は主・述の関係が一回だけある文で、複文は文のある成分にも主・述の関係が含《ふく》まれている文である。
①は、五つの文節からなっているが、主・述の関係にあるものは、主語「私たちは」と述語「歩き回った」のみである。
②は、主・述の関係が並立《へいりつ》しているので、重文である。
③は、修飾部の「日がさんさんと照る」の部分に主・述の関係が含まれているので、複文である。
④は、修飾部の「私が外に出ようとしたときに」の部分に主・述の関係が含まれている。

チェックテスト3

1 普通《ふつう》名詞…①日・姉・近く・公園　②人生　③今日・未明・町・野・山・村　④日本語・外国人・存在　⑤正月
⑥来週・国語・時間・楽しみ
代名詞…①彼女　②私たち　⑤それ・彼
固有名詞…③太郎　④日本　⑥枕草子
数詞…①ふたり　③十キロメートル　⑤七歳
形式名詞…②もの　⑤こと

考え方　普通名詞は、一般的《いっぱんてき》な物事の名を表す名詞なので、数も多い。
①「近く」のようなほかの品詞から転成《てんせい》して名詞となったものや、⑥「楽しみ」のような接尾語《せつび》がついて名詞になったものを見落とさないこと。④「貴重で」は形容動詞。
代名詞は、人称《にんしょう》代名詞の「彼女」「私たち」「彼」と、指示《しじ》代名詞の「それ」。固有名詞は、人名、国名、作品名など、ただ一つしか

ないものの名。数詞は、物の数や量、順序などを表すもので、「ふたり」は漢字でなくても数を表している。

形式名詞は、名詞本来の意味が薄《うす》れて、補助的・形式的に用いられているもの。

2 ①**はっきり→見えた** ②**やや→大きめの**
③**たとえ→負けても** ④**きらきら→輝く**
⑤**ばったり→会った** ⑥**しっかり→食べなさい**
⑦**まさか→あるまい**

考え方 副詞には、**状態の副詞**、**程度の副詞**、**呼応《こおう》の副詞**の三種類がある。
①・④・⑤・⑥は状態の副詞で、そのうち「きらきら」「ばったり」は、**ものの様子を言い表した擬態《ぎたい》語**と言われるもの。
③・⑦はともに呼応の副詞で、「**たとえ〜ても**」は仮定条件の言い方、「**まさか〜まい**」は打ち消しの推量《すいりょう》の言い方で呼応している。

3 ①**イ** ②**エ** ③**ア** ④**オ** ⑤**カ**

考え方 ア〜カにおける副詞を取り出すと次のようになる。

ア「じろっと」は擬態語だから状態の副詞で、「にらまれて」を修飾《しゅうしょく》している。

イ「ふと」は「覚めた」を修飾している状態の副詞。

ウ「たいそう」は形容詞「暑い」を修飾している程度の副詞。

エ「とても」は副詞「ゆっくり」を修飾している程度の副詞。

オ「かなり」は名詞「前」を修飾している程度の副詞。

カ「決して」は「〜しません」と呼応している呼応の副詞。

---

4 ①**いかなる** ②**おかしな** ③**わが** ④**その**
⑤**いろんな** ⑥**小さな**

考え方 **連体詞は常に連体修飾語となるものだから、修飾されている体言とあわせて考えると探しやすい。**
①は「人」、②は「体験」、③は「国」、④は「いす」、⑤は「切手」、⑥は「命」を修飾している。

5 ①**B・すると** ②**A・ものが** ③**A・花が**
④**B・激しい** ⑤**B・右に** ⑥**B・聞けないの**
⑦**A・心配は** ⑧**A・国に**

考え方 **連体詞は体言の文節を修飾する語であるのに対し、副詞は主として用言の文節を修飾する語である。**

ただし、⑤の「少し」のように、**副詞には場所・方向・数量・時間などを表す体言の文節を修飾するものがあるので注意する。**「もっと」「かなり」なども同じである。

連体詞は数も少ないので、ひと通り覚えておこう。
①の「しばらく」は状態の副詞。
④の「よほど」と⑤の「少し」は程度の副詞。
⑥の「どうして」は「〜の」の疑問と呼応している呼応の副詞。

6 感動…③**やれやれ** 呼びかけ…②**おい**
応答…④**うん** あいさつ…⑤**ありがとう**
かけ声…①**よいしょ**

考え方 **感動詞は、普通《ふつう》、文頭にあるので見つけやすい。**ここでも全部文頭にきている。
②の「おい」は「こら」「ちょっと」などと同じく呼びかけのと

きに用いる語である。

③「やれやれ」は、疲《つか》れた気分などを表すときに用いられる語だが、感情の一種に属するので「感動」を表す。

④の応答は一見、文の下にきているように見えるが、質問に対する受け答えの初めにきているものである。

7

①オ・e　②ア・a　③ウ・b　④エ・c
⑤キ・f　⑥カ・d　⑦イ・g　⑧ク・f

考え方 **接続詞は②・③・⑤・⑦・⑧のように文と文をつなぐものや、①・④・⑥のように、文節（連文節）と文節（連文節）をつなぐものがある。**文の意味をつかんで、その働きを考える。

①「それとも」「あるいは」などと同様、前の事柄《ことがら》とあとの事柄のどちらかを選ぶことを表すものが入る。

②と③には正反対の関係にあるものが入る。

④前の事柄にあとの事柄をつけ加えることを表すものが入る。

⑤前の事柄についての説明を表すものが入る。

⑥「水泳が上手で」と「足が速い」が並んでいることを表すものが入る。

⑦話題などが転換《てんかん》することを表すものが入る。

⑧前の事柄の原因・理由を表すものが入る。

8

①名詞　②動詞　③連体詞　④感動詞　⑤副詞
⑥接続詞　⑦形容詞　⑧連体詞　⑨副詞　⑩連体詞
⑪名詞　⑫感動詞　⑬副詞　⑭形容動詞

考え方 品詞の紛《まぎ》らわしいものが並んでいる。きちんと識別できるようにしておこう。

①の「帰り」は動詞「帰る」から転成した名詞。②の「帰り」は動詞で（中止法→本冊p.47参照）、動作を表している。

③の「あの」は「こ・そ・あ・ど」＋「の」の形の連体詞。④も同じ形だが、**独立語になっていることに注意。**この「あの」は呼びかけの感動詞。

⑤の「また」は「再び」という意味をもつ副詞であるのに対し、⑥の「また」は並立《へいりつ》を表す接続詞である。**接続詞は文中で位置を変えられないが、副詞は位置を変えられる**という見分け方がある。

⑦の「大きい」は形容詞で、⑧の「大きな」は連体詞である。「〜な」の形は、「静かな」のような形容動詞とも間違《まちが》えやすい。しっかり見分けられるようにしておこう。

⑨の「どう」は副詞。⑩の「どの」は③と同じく連体詞である。

⑪の「森田《もりた》さん」は文の成分では独立語だが、品詞では名詞になる。**独立語＝感動詞と考えないように。**⑫の「もしもし」は呼びかけの感動詞。

⑬の「しだいに」を「〜に」の形だけから形容動詞と取り違えないようにする。**「〜だ・な」の形になるか確認《かくにん》する。**⑭の「静かに」は「静かだ」と言えるので、形容動詞。

チェックテスト4

1

①見る　見る　囁く　いる　歩く　いる　むかう
走る　いる　わめく　飛ぶ　くる　とまる
吸いあげる　かえす

②降る　いる　きける

考え方 **動詞を見つける場合、動詞の性質に注目する。「物事の動作(作用)・存在などを表す」「活用して、言い切りの形が、五十音図のウ段の音で終わる」**という点に注意すれば見つけやすい。

複合動詞の「吸いあげる」を「吸い」と「あげる」に切り離《はな》さないようにする。①の「囁《ささや》いている」「歩いている」「走っている」「飛んでくる」、②の「降っている」はいずれも**補助動詞**である。②の「きける」は**可能動詞**。言い切りの形を「きく」にしないこと。

2

①く・連体形　②く・仮定形　③こ・命令形
④き・連用形　⑤く・終止形　⑥こ・未然形

考え方 **カ行変格活用(カ変)の動詞は「来る」**しかないので確実に覚えておこう。**「来」の漢字を当てて表記する場合、活用形によって読み方が異なることに注意する。**⑤は①と同じ語形であるが、活用形が異なる。動詞はカ変に限らず、終止形と連体形は同じ語形になる。文がそこで終わる場合は終止形、「とき」「こと」「人」「もの」などの体言に連なっていれば連体形である。

3

①のばせ　②せ　③食べろ(食べよ)　④書こ
⑤ながめ　⑥着

考え方 順に活用形を示すと、①仮定形、②未然形、③命令形、④未然形、⑤連用形、⑥連用形となる。

②「する」の未然形には「し」「せ」「さ」の三つがあるが、下に「ず」がつけられるのは「せ」である。「し」には「ない」、「さ」には「れる」「せる」がつく。

文末に来るのは、普通《ふつう》、終止形か命令形である。どちらであるかは、文脈で判断することになる。③「好き嫌《きら》いばかり言わずに、さっさと……」であるから、命令形がふさわしい。

なお、「食べる」は下一段活用であるから、命令形は「食べろ」「食べよ」の二つがある。答えはどちらでもよい。

4

基本形	語幹	未然形	連用形	終止形	連体形	仮定形	命令形
運ぶ	運	—ば —ぼ	—び —ん	—ぶ	—ぶ	—べ	—べ
居る	○	い	い	いる	いる	いれ	いろ いよ
落ちる	落	—ち	—ち	—ちる	—ちる	—ちれ	—ちろ —ちよ
する	○	させし	し	する	する	すれ	しろ せよ
来る	○	こ	き	くる	くる	くれ	こい
出る	○	で	で	でる	でる	でれ	でろ でよ
助ける	助	—け	—け	—ける	—ける	—けれ	—けろ —けよ
ある	あ	—ら —ろ	—り —っ	—る	—る	—れ	—れ

考え方 順に活用の種類を示すと、運ぶ＝五段活用、居る＝上一段活用、落ちる＝上一段活用、する＝サ行変格活用(サ変)、来る＝カ行変格活用(カ変)、出る＝下一段活用、助ける＝下一段活用、ある＝五段活用。**カ変とサ変は、活用表を覚えておくこと。カ変・サ変の動詞と上一段・下一段活用の動詞の一部は、語幹と活用語尾《ごび》の区別がつかない。**その場合は、語幹に○をつけるか(　)つきで語幹を示すこと。また、**上一段活用・下一段活用・サ変の命令形は二つある**から書き忘れないように注意しよう。

「ある」の未然形「あら」には「ぬ」「ず」が続き、「あらぬ」「あらず」となる。

5 **①命令形** **②仮定形** **③未然形** **④連用形** **⑤未然形** **⑥終止形** **⑦連体形** **⑧連用形** **⑨未然形**

考え方 **活用形を考える場合、あとにつく語で判断できる場合と活用語尾で判断する場合がある。**

①「下げろ。」と⑥「つく。」は、**文の終わり**であるから、**終止形か命令形**である。あとは活用語尾で判断すればよい。

②「来れば」は、**カ行変格活用の活用表**を覚えていれば問題はないが、**「ば」がついていることからも仮定形**と判断できる。

③は、**サ行変格活用の複合動詞**。下に「ず」がくる場合は、**未然形の「―せ」**となる。

④の「叫《さけ》びながら」は、「叫ぶ」に**助詞の「ながら」**がついている。また、⑨の「帰らせ」は、「帰る」に**助動詞の「せ(せる)」**がついている。これらは、あとにつく語(「ながら」「せる」)だけで判断すると、活用形はわかりにくいかもしれない。しかし、「叫ぶ」「帰る」が**五段活用**であることに気づけば、活用語尾で活用形を判断することができる。

⑤の「住もう」は、未然形。「**う**」「**よう**」**がつく場合も未然形**であることを忘れないように。

⑦の「飲む時」は、終止形と形は同じであるが、「**時**」という**体言がついているから連体形**である。

⑧の「よみがえった」は、**五段活用の促音便《そくおんびん》**だから、活用形は**連用形**である。

6 **①下一段活用** **②五段活用** **③サ行変格活用** **④五段活用** **⑤上一段活用** **⑥カ行変格活用** **⑦下一段活用** **⑧上一段活用**

考え方 活用の種類を答える場合、一つ一つ活用表を書く必要はない。下に「**ない**」をつけて、それが**ア段の音に続けば五段活用**、**イ段の音に続けば上一段活用**、**エ段の音に続けば下一段活用**と覚えておく。例えば、②「祈《いの》る」に「ない」をつけると「祈らない」となる。「ら」はア段の音だから、五段活用だとわかる。

また、**カ行変格活用**は、**「来る」**だけ、**サ行変格活用は「する」とその複合動詞**(勉強する・運動する・散歩する、など)だけということも忘れないようにしよう。

①の「飛べる」は、「飛ぶ」の可能動詞。**可能動詞は下一段活用**である。

チェックテスト5

1 **①自動詞・木の枝を折る。** **②他動詞・誕生日のプレゼントが届く。** **③他動詞・夕食でピーマンが残る。** **④自動詞・全員を駅に集める。**

考え方 他動詞が述語になる場合は、その上に動作や作用が及《およ》ぶものを表す**「～を」を伴《ともな》うことが多い**。自動詞を他動詞に変えると文の主語が変わるので、「～が」の形が「～を」の形の文になるものと考えてよい。

すべての動詞に自動詞と他動詞の対応があるとは限らない。問題文のように自動詞と他動詞の対応のある動詞を、ほかにも探してみよう。

2　ア・イ・オ・キ・ク・シ

考え方　**可能動詞が作れるものは五段活用の動詞だけ**なので、活用の種類を見分けて五段活用のものを選ぶ。順に可能動詞を示すと、ア「使える」、イ「働ける」、オ「表せる」、キ「言える」、ク「進める」、シ「打てる」となる。

最近、可能動詞をまねた使い方で、「見れる」「食べれる」などと言う人もいるが、「見る」＝上一段活用、「食べる」＝下一段活用だから、可能動詞はできない。「見られる」「食べられる」が正しい言い方である。「られる」は、可能を表す助動詞である。

3　①いる　②しまう　③くださる　④おく

考え方　**補助動詞の上の文節は「〜て(で)」の形になっている**ことに注目する。補助動詞は、その動詞の本来の意味が失われ、上の文節について補助的に用いられているだけである。例えば、①「猫《ねこ》が顔を洗っている。」の「いる」には、「存在する」という意味はなく、「洗って」を補助する役割だけである。

補助動詞としてはほかに「置いてある」「やってみる」「やってくる」「教えてやる」などがある。

「いらっしゃる」「くださる」「あげる」「さしあげる」などの敬語動詞も補助動詞として使われることがあることを知っておこう。

4　形容詞…①いい　ない　②美しい　珍しい　なく

形容動詞…①人並みに　楽で　②特別に

考え方　**物事の性質や状態を表す言葉**を選んでいく。形容詞では、②の「珍しいのでなくても」と「かまわない」の区別が大切だ。前者は自立語なので形容詞だが、後者は、動詞「かまう」の未然形についている付属語(助動詞)である。①の「いい」は、終止形と連体形のみが用いられ、ほかの活用形は「よい」を用い、「よかろう」「よかった」などと使われる。

形容動詞の見分け方も忘れないことだ。②の「大きな」は、**「―だ」「―に」の形になるかを考える**。「―だ」「―に」の形にならなければ、活用しない自立語で、連体詞である。形容動詞は「人並みに」「楽で」「特別に」のように活用した形で使われると見逃《みのが》してしまうこともあるので注意が必要である。

5　①コ・怖く　②オ・新鮮だ　③カ・重かろ　④ク・か弱い　⑤ウ・確かだろ　⑥ケ・なだらかな　⑦エ・おもしろく　⑧ア・元気に　⑨イ・暖かかっ　⑩キ・どんな

考え方　**まず、文の意味に最も適した語を選んでくる。それから、下にくる語によって活用の形を決めていく。**

②は文末だから、終止形か命令形だが、形容詞・形容動詞には命令形がないので、終止形しかありえない。

③・⑤は、あとに「う」がつく形。「重かろう」「確かだろう」と未然形が入る。

④・⑥は、あとに「人」「丘《おか》」がつくから、連体形が入る。④は形容詞の「か弱い」が入り、形は終止形と同じである。だが、⑥は形容動詞だから「なだらかな」が入る。終止形「なだらかだ」とは、形が違《ちが》うので注意しよう。

⑦のように下に「ない」がつく場合、**形容詞・形容動詞では連用形の語がくることになる**。動詞では「ない」は未然形につくので、取り違えないようにする。

⑨は「暖かだっ(た)」を入れないように注意してほしい。選ぶ語は、「暖かい」(形容詞)であるから「暖かかっ(た)」としか活用しない。「暖かだっ(た)」は、「暖かだ」(形容動詞)の連用形である。

⑩の形容動詞「どんなだ」には連体形はなく、体言などに連なる場合は語幹そのものを用いる。「こんなだ」「そんなだ」「あんなだ」も同様。

6 ①**連用形** ②**仮定形** ③**連用形** ④**連体形** ⑤**未然形** ⑥**終止形**

考え方 形容詞の活用「かろ/かっ・く/い/い/けれ/○」を、頭の中で唱えながら、確かめられるようになっておかなければならない。

特に③は「よくなかったが」と、あとに「ない」が続くので、未然形と間違えないことだ。**形容詞の場合、「ない」がつくのは連用形**。

④は、下に「寒さ」という体言(名詞)がついているので、終止形ではなく連体形である。

7 ①**仮定形** ②**連用形** ③**連体形** ④**連用形** ⑤**終止形** ⑥**未然形**

考え方 **形容動詞の連用形の活用語尾《ごび》には「だっ」「で」「に」の三つがある**。それぞれ下に「た」「ない」「なる」などがつく。

①の「不便なら」のように、形容動詞の仮定形には助詞「ば」を伴《ともな》わないことがある。②の「豊かに」は、「暮らして」に連なっている。「—に」の形は、いろいろな用言に連なる。例えば、「右より左がわずかに重い。」のように形容詞にも連なる。

④の「重要で」は、**連用形の中止法**(文をいったん中止してまた続ける)である。

なお、**形容詞・形容動詞には命令形はない**。

チェックテスト6

1 イ音便《おんびん》…**聞い 注い かつい**
促《そく》音便…**違っ 持っ 鳴っ**
撥《はつ》音便…**済ん 飛ん**
ウ音便…**つろう おもしろう**

考え方 **動詞の音便には、イ音便・促音便**(つまる音「っ」になるもの)**・撥音便**(はねる音「ん」になるもの)の三つがある。**動詞の音便形は、五段活用の連用形にだけあるから**、下に「た」をつけてみるとよい。

形容詞の連用形の「—く」が「ございます」「存じます」に連なる場合のみ、**ウ音便の形をとる**。ウ音便では、連用形の活用語尾が語幹の一部とともに変化するものがある。「つらく→つろう」がこれにあたる。ほかにも「あぶなく→あぶのう」「たのしく→たのしゅう」などがある。

2 ア…**急激だ・形容動詞** イ…**小さい・形容詞**
ウ…**情けない・形容詞** エ…**離れる・動詞**

オ…会う・動詞　**カ…奇妙だ・形容動詞**
キ…いじる・動詞　**ク…おとなしい・形容詞**

考え方　それぞれの活用形を示すと、ア連用形、イ連用形、ウ連体形、エ連用形、オ連用形、カ連体形、キ未然形、ク連用形。
言い切りの形が、五十音図の**ウ段で終わる品詞は動詞**である。また、**形容詞は「い」、形容動詞は「だ」「です」で終わる**。活用表をしっかり覚えておこう。

3
①形容動詞・連体形　**②動詞・命令形**
③動詞・仮定形　**④動詞・連用形**
⑤形容詞・未然形　**⑥形容動詞・仮定形**
⑦動詞・終止形　**⑧動詞・未然形**

考え方　言い切りの形(基本形)にして見分ける。
①の基本形は「感心だ」となるから形容動詞である。
②の「がんばれ」は、「がんばる」の命令形。
③の「遅《おく》れれば」の基本形は「遅れる」(下一段活用)である。活用語尾《ごび》から仮定形とわかる。また「ば」がついているから仮定形である、と考えてもよい。
④の「寝《ね》」の基本形は「寝る」(下一段活用)だが、「寝」だけでは、未然形か連用形かわからない。「ながら」が続くのは、連用形である。
⑤の「辛《から》かろう」の基本形は「辛い」。
⑥の基本形は「好きだ」となるから形容動詞である。
⑧は基本形が「好く」で五段活用の動詞である。

4
①イ　**②エ**　**③ア**　**④オ**　**⑤ウ**

考え方　**動詞の活用の種類は五つ**ある。**カ行変格活用の動詞は「来る」だけ**だから、②の「来ません」とエの「来い」がカ行変格活用であるとわかる。
サ行変格活用の動詞は、「する」とその複合動詞だけである。③「感心し」の言い切りの形は「感心する」で、「する」の複合動詞である。アの「させて」は、「する」の未然形である。
五段活用・上一段活用・下一段活用の区別は、**下に「ない」をつけて、ア段の音に連なれば五段活用、イ段の音なら上一段活用、エ段の音なら下一段活用**であると見分ける。①の「加わった」の基本形は「加わる」である。「ない」をつけると「加わらない」となるから五段活用である。また、「加わった」は促音便《そくおんびん》であるので、音便の形をとるのは五段活用であることからも判断できる。イの「くつろいで」も同じように考えて五段活用とわかる。

5
①五段活用・未然形　**②下一段活用・連用形**
③カ行変格活用・連体形　**④サ行変格活用・未然形**
⑤下一段活用・連用形　**⑥上一段活用・仮定形**

考え方　**活用形を見分けるには、動詞の語形と下につく語から考える。**下につく語を見ると、③は、体言「時間」がつくから連体形、⑤は、「て」がつくから連用形、⑥は、「ば」がつくから仮定形とわかる。
①は、助動詞「れる」がついていて、これは未然形につくということを知っていれば簡単だが、知らなくても「笑う」が五段活用の動詞であることに気づけば、未然形とわかるだろう。
②は、**文を途中《とちゅう》で切る中止法**で、連用形である。
④はサ行変格活用「する」の未然形「せ」。**サ行変格活用の未然形は「し」「せ」「さ」と三つあるので注意しよう。**

6 ①**イ**　②**ウ**　③**イ**　④**ウ**　⑤**イ**

考え方 ①カ行変格活用の動詞で、「よう」が下にくる場合は、未然形である。

②は、助動詞「まい」が下にくる場合の形だが、ここでは五段活用の動詞については終止形に連なるということを覚えておこう。

③は、五段活用動詞「割る」の未然形が入る。「ガラスを」に続くので他動詞である。自動詞の「割れる」と混同しないように。

④「する」の未然形が「ず」に連なる場合、「し」「せ」「さ」のどれになるかを考える。

⑤「食べる」は、下一段活用だから可能動詞はなく、未然形＋可能の助動詞「られる」の形をとる。

7 ①**ア**　②**カ**　③**オ**　④**エ**　⑤**ウ**　⑥**イ**　⑦**オ**　⑧**カ**

考え方 形容詞には、二つ以上の単語が結合してできたものや、接頭《せっとう》語や接尾《せつび》語がついてできたものがある。

例文以外にもさまざまな例が考えられる。

動詞＋形容詞………「聞きづらい」「寝苦しい」など。
接頭語＋形容詞……「こにくらしい」「か細い」など。
動詞＋接尾語………「望ましい」「押《お》しつけがましい」など。
名詞＋接尾語………「子どもらしい」「粉っぽい」など。
名詞＋形容詞………「力強い」「心細い」など。
形容詞の語幹＋形容詞……「暑苦しい」「細長い」など。

ここに挙げたもののほかにも、「重たい」「古めかしい」のように、**「形容詞の語幹＋接尾語」**のものもある。

8 ①**オ**　②**ア**　③**イ**　④**オ**　⑤**ウ**　⑥**ア**

a…五段(活用)　**b…上一段(活用)**　**c…連用(形)**
d…未然(形)　**e…形容動(詞)**　**f…連体(形)**
g…可能(動詞)　**h…自(動詞)**　**i…他(動詞)**
j…補助(動詞)

考え方 ①下に「ない」をつけてア段の音に連なる動詞は五段活用。イ段の音に連なる動詞は上一段活用。

②「た」「ます」「て」がつく動詞のウ・エ・オは連用形。イは下に「ない」がつく形容動詞だから、連用形になる。アは、サ行変格活用の未然形「し」「せ」「さ」の一つ。

③連体詞は、活用しない修飾語《しゅうしょくご》である。イ「大きな」だけは「大きだ」とは言えないから、形容動詞でないことがわかる。

④**可能動詞は「〜できる」という意味をもつ。**オ「決める」だけは「〜できる」の意味をもたないので、この語は可能動詞ではない。

⑤**自動詞・他動詞の区別は、「〜を」に続けば他動詞と考えると**よい。ウ「借りる」は「お金を借りる」と言えるが、ア「わく」は「湯をわく」とは言えない。ただしエ「渡《わた》る」オ「離《はな》れる」は「橋を渡る」「村を離れる」と言えるのに自動詞である。**「〜を」が経過地点・起点を示す場合は、その下の動詞は自動詞であるので注意したい。**

⑥アの「いる」だけが「存在する」の意味がある動詞。また、補助動詞は、上の文節が「〜て(で)」の形になるから、そこからも判断できる。

チェックテスト7

1 **①は・と・へ　②に・を・の　③の・に**
④さえ・ば・よ　⑤と・と・で・と

考え方 名詞(体言)についている助詞は見つけやすいだろう。それ以外につくものに注意して抜《ぬ》き出すとよい。

②の「くれるの」は、動詞・形容詞・助動詞の終止形につく終助《しゅうじょ》詞《し》。

④の「飲めば」は、用言や助動詞の仮定形につく接続助詞《せつぞくじょし》。「なりますよ」は、②の「の」と同じく終助詞。助動詞の終止形についている。

⑤の「やらないと」は、用言や助動詞の終止形につく接続助詞。

2 **①格助詞　②副助詞　③終助詞　④接続助詞**
⑤接続助詞

考え方 それぞれの助詞が、文中でどのような働きをしているかを考えて答える。

①は、「鉛筆《えんぴつ》より」の文節が連用修飾語《しゅうしょくご》であることを示す格助詞《かくじょし》。

②は、「客は」の形で主語の文節をつくっているので格助詞ととられやすいが、ほかと区別して取り出す意味や、強調の意味を示す副助詞《ふくじょし》である。

③は、疑問・質問の意味を示す終助詞。

④は、接続助詞で、確定の順接を示している。

⑤も、接続助詞で、確定の逆接を示している。

---

3 **①イ　②ウ　③ア　④エ　⑤ア**

考え方 格助詞「の」には、ア～エの四種類の働きをするものがある。

①「兄の」の文節が主語であることを示している。それに対応する述語は「通った」である。「兄が」に置きかえてみるとよい。

②「貸したの」と「貸さなかったのと」の文節が並立《へいりつ》の関係になっている。

③「子どもの」の文節が「ころは」の文節に係る連体修飾語であることを示している。

④「つく」を体言と同じ資格にしている「の」。

⑤「君たちの」の文節が「望みは」の文節に係る連体修飾語であることを示している。

4 **①犬の・イ　②京都や・エ　奈良へ・ウ**
③部屋で・ウ　演奏会が・ア　④アブと・エ　ハチの・イ

考え方 まず格助詞を見つけ、それがついた文節を抜き出す。その上で格助詞の働きを考えていく。

①「犬の」の文節が「散歩は」の文節に係る連体修飾語になっている。

②「京都や」は、その文節と「奈良へ」の文節が並立の関係であることを示している。「奈良へ」は、動作の帰着点を示すもので、述語を修飾している。

③「部屋で」は、場所を示すもので、述語を修飾している。「演奏会が」は、述語「あった」に対する主語になっている。

④「アブと」は、その文節と「ハチの」の文節が並立の関係であることを示している。「ハチの」は、「区別も」に係る連体修飾語になっている。なお、「区別も」の「も」は副助詞である。

5 ①**B** ②**A** ③**B** ④**C** ⑤**A** ⑥**C**

考え方 **接続助詞の意味・用法**では、**順接・逆接・並立**といった接続関係を示しているものがほとんどであるが、そのほかに**単純な接続、同時、例示の意味を示す場合もあるので注意しよう。**

①の「ても」は、「〜にもかかわらず」の意味で、確定の逆接を示す。

②「から」には、確定の順接を示す用法しかない。

③「ながら」には、「笑いながら話す」のように、同時の意味を示すものもあるが、ここでは確定の逆接を示している。

④「て」には、**確定の順接、単純な接続、並立を示す、動詞・助動詞について補助用言をあとに続ける、**の四つの働きがある。ここでは並立を示している。

⑤の「て」は、確定の順接を示している。

⑥は、並立。「〜たり、〜たり(する)」の形をとる。

6 ①**ア** ②**ウ** ③**イ**

考え方 **接続助詞「が」の意味・用法を見分ける問題。**

①は、いちばん一般的《いっぱんてき》に使われる用法。その文節が接続語になっていて、前の文の事実に対し、その逆の事柄《ことがら》があとにくる、という確定の逆接を示しているものである。

②は、確定の逆接と紛《まぎ》らわしい。「札幌《さっぽろ》の冬は寒い」という文と並立の関係で、あとに続いている。

③は、その文節が連用修飾語になっていて、意味は「前置き」などの単純な接続を示している。

7 ①**イ** ②**ア** ③**ウ** ④**ア**

考え方 それぞれの**副助詞の意味・用法を識別しながら考えよう。**

①「さえ」には、**類推《るいすい》・限定・添加《てんか》**の意味がある。ア・ウは、一例を挙げて他を類推させる意味、イは、添加を示す。「そのうえに」のような意味。

②「も」には、**同類・強調・並立**の意味があり、**イ・ウ**は同類の意味、アだけが強調を示す。

③「は」には、**他と区別する・強調・繰《く》り返し**の意味があり、**ア・イ**は強調の意味、ウは繰り返しを示している。

④「ばかり」には、**程度・限定・完了《かんりょう》してまもないこと**などの意味がある。**イ・ウ**が程度を示す意味で、アは限定である。

8 **ア**

考え方 **終助詞「か」の意味を見分ける問題。**

例文の「か」は、疑問・質問の意味。選択肢《せんたくし》の中では、アが、疑問・質問の意味を示している。イは、疑問の形で問いかけているが、「いつもうそばかりついていていいのか、いいえよくない」と反語の意味で表現している。ウは感動の意味を示している。

チェックテスト8

1 格助詞……①**に・と・を** ②**と・の・に** ③**が** ④**に** ⑤**に**

接続助詞……①**て** ③**のに** ④**と** ⑤**ば**

副助詞……②**は・だけ** ③**まで** ④**も** ⑤**ぐらい**

終助詞……①**ぞ** ④**よ**

考え方 **格助詞《かくじょし》**は本冊p.69下段の**「をに(鬼)がと(戸)よりで(出)、から(空)のへや(部屋)」**という暗記法を思い出して見つける。**接続助詞《せつぞくじょし》や副助詞《ふくじょし》も特徴《とくちょう》をつかんで覚えておく。終助詞《しゅうじょし》は文の終わりに目**をつければよい。

①「春に」の「に」は、どのようになったかという変化の結果を表す格助詞。「なったぞ」の「ぞ」は、念を押《お》す意味を表す終助詞。「春になったぞ」という一文の文末にあたる。**カギかっこの直後の「と」は、引用を表す格助詞。**「表現しています」の「て」は、「表現し」と「います」をつなぐ接続助詞。

②「兄と私は」の「と」は格助詞だが、**「は」は副助詞**である。「先生一人だけの」の「だけ」は限定の意味を表す副助詞で、直後に格助詞の「の」がついている。

③「のに」は「頭がふらふらする」と「学校まで行った」を確定の逆接の意味でつなぐ接続助詞。「まで」は動作・作用の及《およ》ぶ終点を表す副助詞。

④「と」は「家に帰る」と「だれもいなかったよ」をつなぐ接続助詞。「だれも」の**「も」は格助詞ではなく、副助詞である点に注意する。**

⑤「ば」は仮定の順接で前後をつなぐ接続助詞。「ぐらい」は「こんな問題くらい」という程度を表す副助詞。

2 ①ウ ②A…オ B…エ ③エ ④イ ⑤エ

考え方 ①の文の「から」は、**動作の起点を示す意味の格助詞。**格助詞はおもに体言につくが、このように接続助詞「て(で)」につく場合もある。

②格助詞「に」の意味・用法は多いので、文脈にそって意味の違《ちが》いを見きわめる。まず、Aは動作・作用の相手、Bは受け身における動作の出所を示していることを理解し、選択肢《せんたくし》ア～カの「に」を見ていく。ちなみに、アは作用や変化の結果、イは時間、ウは並立《へいりつ》、カは場所を示している。

③の文の「で」は、原因・理由を示す格助詞である。アは場所を示し、イは「電車によって」の意味になり、手段を示す。ウは時限を示し、エが「それぐらいのことのために」の意味だから例文と同じ。

④の文の「ながら」は、「～にもかかわらず」の意味だから、確定の逆接を示す接続助詞。イ以外は、二つの動作が同時に起こる意味。

⑤接続助詞「が」の意味をどうとらえるかがカギとなる。まず、B「見晴らしがよいが」は、あとで「坂を登っていくのが大変だ」と、逆の事柄《ことがら》について述べているので、確定の逆接の意味である。選択肢を見てみると、Bが確定の逆接の意味であるのは、エ「けれども」のみである。

このことを押さえて、A「高台にあるが」に、エの「ので」を入れてみると、「高台にあるので、とても見晴らしがよい」とうまく続く。

3 ①体言と同じ資格にする格助詞 ②連体修飾語を示す格助詞 ③主語を示す格助詞 ④疑問を示す終助詞

考え方 助詞「の」には、**格助詞と終助詞**があるが、終助詞は文末にあるので一目で区別できるだろう。ここでは、格助詞についての意味・用法を見分けることに主眼が置かれている。**四つある意味・用法**を思い出して答えよう。

①は、「泣くのを」を「泣くことを」と言いかえられ、「の」のついた語「泣く」を体言と同じ資格にしている。

②「筆者の」の文節が「研究方法(を)」の連体修飾語《しゅうしょくご》となっている。

③「横顔の」が「美しい」の主語になっている。「横顔が」と言いかえることができる。

4 **①エ　②イ　③ク　④ア　⑤オ　⑥カ　⑦キ　⑧ウ　⑨ケ**

考え方 まず、それぞれの助詞の意味を判断してから、選択肢の中の適当なものを見つけるようにする。

①は**呼びかけ**。文の途中《とちゅう》に使われているが終助詞である。「よ」には、ほかに感動・念を押す意味がある。

②は**疑問**の意味。「の」はおもに女性語として軽い断定の意味を示す場合もある。

③は**禁止**の終助詞。

④「**しか**」には、それと限る**限定**の意味しかない。下に、打ち消しの語がくる。

⑤「**でも**」は、**他を類推《るいすい》させる**意味のもので、「おとなでも夜更《よふ》かししない」のだから、子どもはこんなに夜更かししてはいけないことを意味している。

⑥「**とも**」は、それほど使われないが、**強調**の意味でしか使わない。

⑦「**も**」には、**同類・強調・並立**の意味があるが、ここでは「かえる」が、「冬眠《とうみん》から覚めた」生き物(同類)の一つであることを示している。

⑧「**は**」は**特に取り出して言う**意味を示す。ほかに**強調**や**繰《く》り返し**などの意味もある。

⑨「**ばかり**」には、それと限る意味の**限定**や、**完了《かんりょう》してまもない**ことを示す意味もあるが、ここでは、「二時間」というだいたいの**程度**を示している。

5 **①イ　②イ　③ウ　④イ　⑤ア　⑥ウ　⑦イ**

考え方 **助詞の意味・用法**を練習を積んできちんとマスターしておこう。**ほかの言葉に置きかえるなどしながら、その意味を確認《かくにん》していく**とよい。

①アは、引用を示し、ウは、「〜とともに」といった意味で、共同の相手を示す。**アもウも格助詞**。**イは、確定の順接を示す接続助詞**である。

②**ア・ウ**は、確定の逆接を示す接続助詞だが、**イ**は、「(好きな)ものに」と言いかえられるので、それのついた語を体言と同じ資格にする格助詞「の」＋格助詞「に」。

③すべて接続助詞であるが、**ア・イ**は、二つの動作が同時に起こる意味を示し、**ウ**は、「〜にもかかわらず」のような意味の確定の逆接を示している。

④すべて格助詞。**ア・ウ**は、動作・作用の対象を示し、**イ**は、動作の起点を示している。

⑤すべて終助詞。**イ・ウ**は、感動の意味を示し、**ア**は、禁止の意味を示している。

⑥**ア・イ**は、手段・材料を示す格助詞、**ウ**は、接続助詞。「て」

が動詞「はずむ」の音便《おんびん》形につながって、「で」と濁《にご》ったもの。

⑦ア・ウは、動作の起点を示す格助詞《かくじょし》。ウは、体言につかない例だから気をつけよう。イは、確定の順接を示す接続助詞《せつぞくじょし》。

6 **同じ性質のもの…④**

①エ　②キ　③ウ　④オ　⑤イ　⑥カ
⑦ア

考え方 **「でも」で一語の品詞か、「で」＋副助詞《ふくじょし》「も」の形のものかを見分けてから識別する。それには、「も」を取り除くことが可能かどうかで考えてみる。**

すると、③・④・⑥が「でも」で一語のものだとわかるだろう。⑥は、自立語だから接続詞だとすぐに見分けられる。③は動詞「かむ」の音便形につながっているから、接続助詞「ても」の濁ったもの。④が副助詞である。例文も副助詞である。

①・②・⑤・⑦の「で」は、それぞれ次のようになる。①は、形容動詞「丈夫《じょうぶ》だ」の連用形の活用語尾《ごび》。②は格助詞。⑤は接続助詞「て」が「頼《たの》む」の音便形につながって「で」と濁ったもの。⑦は断定の助動詞「だ」の連用形である。

チェックテスト9

1 **①ウ　②イ　③ア**

考え方 ①「れる」が助動詞かどうかを考える問題。ウの「れる」を助動詞とすると、動詞「ぬれる」の語幹《ごかん》「ぬ」に助動詞が接続するということになる。そんなことはあり得ないので、ウの「れる」は助動詞ではなく、下一段活用の動詞「ぬれる」の活用語尾である。

②「れ」が助動詞「れる」であるかどうかを考える問題。考え方は、①と同様である。イの「れ」は助動詞ではなく、可能動詞「止まれる」（下一段活用）の活用語尾。

③どれも「させる」の形をとっているが、すべてが使役《しえき》の助動詞「させる」であるかどうかを考える。それぞれがつながっている動詞の活用語尾がどこまでかを調べてみよう。アの「修理する」はサ行変格活用だから、使役の助動詞は「せる」がつかなければならない。したがって、これは未然形の「修理さ」＋「せる」の形である。

2 **①尊敬　②尊敬　③自発　④可能　⑤受け身**
⑥可能　⑦自発　⑧受け身

考え方 **助動詞「れる」「られる」には、受け身・可能・自発・尊敬の四つの意味があるので、**文の意味を正確にとらえて判断する。

①には「先生」という**尊敬**の対象が出ているので、わかりやすいが、②のように**話しかけている相手に尊敬を表している場合は見落としやすいので注意**。

③・⑦は「**思う**」「**案じる**」の語があることに注目する。

④・⑥の「られる」には「**〜することができる**」の意味がある。

⑤・⑧は、**動作をする側とされる側とがある**ことに特徴《とくちょう》があり、主語を入れかえて受け身でない文に直せるかどうかを考える。例えば、⑤「君の手紙が（私を）慰《なぐさ》めた」、⑧「南風が春を運んでくる」と、それぞれ直すことができる。また、⑤のように**動作をされる側**（＝私）**が省略される場合**や、⑧のように**人間が出てこない場合**は、特に注意が必要である。

3 **①させ・連用形　②せれ・仮定形　③せる・連体形　④せろ・命令形　⑤させ・連用形**

考え方 **使役の助動詞は、「せる」「させる」で、「せる」は五段活用・サ行変格活用の動詞の未然形に、「させる」は上一段活用・下一段活用・カ行変格活用の動詞の未然形に接続する**ということを念頭において考える。

①「調べる」は下一段活用だから「させる」がつながり、「させる」の下に「ます」の未然形「ましょ」がついているので、連用形「させ」となる。

②「飲む」は五段活用だから「せる」がつながり、「せる」の下に「ば」がついているので、仮定形「せれ」となる。

③「行く」も五段活用だから「せる」がつながり、「せる」の下に「こと」がつくので連体形となる。

④「運動させろ」はサ行変格活用の動詞「運動する」の未然形「運動さ」に、「せる」の命令形「せろ」がつながった形。「させる」の命令形「させろ」ではないことに注意。

⑤「見る」は上一段活用で「させる」がつながり、「させる」の下に「て」がつくので連用形となる。

4 **①A　②B　③B　④A　⑤B**

考え方 **「ない」が助動詞か形容詞かの見分け方には、「ない」を「ぬ」「ず」と言いかえられれば助動詞、「ない」の直前に「は」「も」が入れられれば形容詞**という方法がある。

例えば①の「ない」を「ぬ」にかえて、「書けぬ」としても意味が通じるが、③の「ない」を「ぬ」にかえることはできない。逆に①の「ない」の直前に「は」を入れると不自然になるが、③では「おいしくはなかった」とすることができる。また、**直前に「ネ」や「サ」が入り、文節が切れると下の「ない」は形容詞、入らないと助動詞**という見分け方でもよい。

5 **①B　②A　③A　④B　⑤A**

考え方 **「らしい」の品詞を識別する問題。**用言や一部の助動詞に接続している「らしい」は、助動詞と判断できる。そのほか、名詞＋接尾《せつび》語「らしい」で一語の形容詞となっているものがあるので注意しよう。見分け方は、**「〜にふさわしい」の意味ならば形容詞、「〜であるらしい」の意味ならば助動詞と覚えておこう。**

①の「女らしい」は、「女にふさわしい」の意味だが、②の「女の人らしい」は、「女の人であるらしい」の意味。なお、「女らしい」は多様な価値観の立場から、使い方に気をつける必要がある。

③・⑤は動詞の終止形に接続しているので迷うことはない。

6 **①未然形　②仮定形　③連用形　④連用形　⑤連体形**

考え方 **助動詞「ない」の活用は形容詞型活用**なので、頭の中で活用させてみよう。また、下につく語からも判断できる。

①「う」に連なっているので、「なかろ」は未然形。

②「ば」に連なっているので、「なけれ」は仮定形。

③「なっ(た)」の基本形は動詞「なる」。「なる」という用言に連なっているので、「なく」は連用形。

④「た」に連なっているので、「なかっ」は連用形。

⑤「とき」という体言に連なっているので、「ない」は連体形。**終止形と同じ形なので注意する。**

7 **①れる・自発**　**②たい・希望**　**③れる・受け身**
④らしい・推定　**⑤せる・使役**　**⑥ない・打ち消し**
⑦られる・可能　**⑧させる・使役**

考え方 ①は「れる」の連用形。「自然に思い出す」ということなので、意味は自発。
②希望の意味の「たい」の連用形。
③動作をする側＝波、動作をされる側＝船、なので、意味は受け身。活用形は連用形。
④推定の意味の「らしい」の連用形。
⑤使役の意味の「せる」を命令の形で言い切っている。
⑥打ち消しの意味の「ない」の未然形。
⑦「忘れることができない」ということだから、可能。未然形。
⑧使役の意味の「させる」の連用形。

チェックテスト10

1 **①ませ・未然形**　**②ね・仮定形**　**③な・連体形**
④でし・連用形　**⑤そうなら・仮定形**　**⑥ず・連用形**

考え方 **特殊《とくしゅ》な活用をする助動詞を含《ふく》む問題**。まず、空所の前後の語から適した形のものを考え、次にその活用形を考える。活用形は、その助動詞の下につく語からもわかる。
①「ます」はすべての活用形に活用する。「ませ」は未然形と命令形に、「まし」は連用形と命令形にあることに注意。
②・⑥打《う》ち消しの助動詞「ぬ」には未然形・命令形がなく、連用形「ず」、仮定形「ね」と不規則な形が入っているので注意する。
②は空所の下につく語が「ば」であることに目をつける。
③「だ」は形容動詞型活用。連体形は「の」「のに」「ので」に連なる場合だけ用いられる。
④丁寧《ていねい》な断定《だんてい》の「です」は、未然形「でしょ」、連用形「でし」の形になることを覚えておく。下に「た」が連なるので連用形が入る。
⑤推定の「そうだ」は形容動詞型の活用をする。下に「ば」がつくので仮定形である。

2 **①B**　**②A**　**③×**　**④A**

考え方 **助動詞「そうだ」**には、**様態《ようたい》と伝聞《でんぶん》**の意味がある。文脈からその違《ちが》いを見分けるのが基本だが、その活用の形や接続のしかたが違うのでこの点からも区別できる。次のことを確認《かくにん》しておこう。

様態の「そうだ」は形容動詞型の活用をし、動詞や一部の助動詞の連用形、形容詞・形容動詞の語幹《ごかん》などに接続する。

伝聞の「そうだ」の活用形は、連用形（そうで）と終止形（そうだ）しかなく、用言や助動詞の終止形に接続する。
①は、動詞の終止形に接続しているので、伝聞である。
②は、動詞「なる」の連用形に接続しているので、様態である。
③は、副詞「そう」＋助動詞「だ」である。
④は、様態の意味とすぐわかるはずだが、その接続のしかたが気になるだろう。これは様態の「そうだ」の特殊な接続で、形容詞「ない」「よい」につく場合は、その語幹と「そうだ」の間に、接尾語《せつび》「さ」が入る形をとる。「ないそうだ」→「なさそうだ」になったものである。

3 ①ウ ②イ ③ア

考え方 **助動詞「ようだ」**には、**次の三つ**がある。

(1) **たとえ**……「**まるで〜のようだ**」と似通った物事をたとえていう用法。「まるで」「あたかも」を補うと意味が通る。

(2) **推定**……不確かではあるが、**何かの根拠《こんきょ》によって推《お》しはかる用法**。「どうやら」「どうも」を補うと意味が通る。

(3) **例示《れいじ》**……**例を挙げていう用法**。「例えば」を補うと意味が通る。

①は、「花」が「米粒《こめつぶ》」にたとえられ、ウは「ボールをおくった」動作を「流れるような動作」にたとえているので、ともに「たとえ」である。

②は、「母親が言った」は一つの例で、イも「彼《かれ》」は「悪人」の例として挙げられているので、ともに「例示」となる。

③は、「あるように思える」のは何かの根拠に基《もと》づいた判断で、アも気候か情報によってそのように推し量れる用法なので、ともに「推定」となる。

4 ①イ ②ア ③イ ④イ ⑤ウ ⑥エ

考え方 「う」「よう」の意味には、**推量《すいりょう》と意志《いし》の二つ**があり、「う」に接続しないものが「よう」に接続する関係にある。「まい」はこれらに対応して、**打ち消す意味をあわせてもつ**ものである。

②推量の意味の「う」「よう」は「だろう」と言いかえられる。ここでは、「あるだろうが」と言いかえられるので、推量である。

⑤「あることはないだろう」ということなので、打ち消しの推量。

⑥「聞かないつもりだ」ということなので、打ち消しの意志。

5 ①C ②A ③C ④B ⑤A ⑥B

考え方 **助動詞「た」の意味の識別の問題。過去《かこ》・完了《かんりょう》・存続《そんぞく》の三つ**の意味がある。見分け方は、文章の意味をとらえて、次のように考えよう。

過去は、**過去の時を表す語**が文中に含《ふく》まれている。

存続は、「**〜て(で)いる**」「**〜て(で)ある**」という意味。

完了は、右の二つ以外の場合で、**終わった直後**の意味。

①・③はそれぞれ「壁《かべ》にかけてある」「異なっている」という意味。

②・⑤には、それぞれ「三時間前に」「昨日は」と過去の時を表す語がある。④は「今〜た」、⑥は「やっと〜た」から、終わった直後だということがわかる。

6 A…ア・ウ・キ B…イ・オ C…エ・カ

考え方 「だ」の識別の問題。順番に考えていこう。

ア・ウ・キは、それぞれ「静かな」「便利な」「誠実な」という連体形があるから、**形容動詞の活用語尾《ごび》**である。

イは五段活用の動詞「泳ぐ」のイ音便《おんびん》「泳い」に、**過去の助動詞「た」が連なって「だ」**となったもの。これはオの「選んだ」が「選ぶ」の撥《はつ》音便「選ん」+助動詞「た」であるのと同様である。

エ・カは、「天気な」「画家な」では不自然になるので、**名詞+断定の助動詞「だ」**だとわかる。**形容動詞と紛《まぎ》らわしいので気をつけよう。**

7 ①行き・連用形 ②誘っ・連用形 ③わから・未然形 ④建て・未然形

考え方 **助動詞の接続の問題。**

①「ます」は動詞や一部の助動詞の連用形に接続する。

②「た」は用言や助動詞の連用形に接続するが、五段活用の動詞

が接続する場合には音便《おんびん》の形になる。ここは「誘《さそ》った」と促《そく》音便になる。

③「ぬ」は同じ打ち消しの意味の「ない」と同様、動詞や一部の助動詞の未然形に接続する。

④「よう」は五段活用以外の動詞の未然形に接続する。五段活用の場合には「う」になる。

8 **①ようだ・例示　②た・過去　③そうだ・様態**
④ます・丁寧　⑤ぬ・打ち消し　⑥だ・断定
⑦まい・打ち消しの推量　⑧です・丁寧な断定

考え方 ①「ようだ」の連用形。「例えば坂本《さかもと》君のように」の意味なので、例示。

②「だ」の**直前が音便形であることに注意**。助動詞「た」の連体形が濁音《だくおん》化したものである。意味は「今朝」という時を表す言葉から過去とわかる。

③「そうだ」の連体形。形容詞「難しい」の語幹《ごかん》についているので、意味は様態である。

④「まし」という形は、連用形と命令形にある。ここは言い切りの形になっているので命令形。

⑤「ぬ」の連用形。仮定形が「ね」であることも確認《かくにん》しておこう。

⑥「だ」の仮定形。「なら」の下に「ば」が省略されている。

⑦「まい」には「ないだろう」（打ち消しの推量）と「ないつもりだ」（打ち消しの意志）の二つの意味がある。ここでは「ないだろう」の意味。

⑧「です」の未然形。

チェックテスト11

1 **①おもしろそうな　②食べられる　③登らせ**
④行くそうだ　⑤不気味だった　⑥働こう

考え方 それぞれ（　）内に示されたのがどんな助動詞かを決めるとともに、**その助動詞や前の語がどのような形になるのかにも注意する**必要がある。

①様態《ようたい》の意味をもつ助動詞は「そうだ」である。様態の「そうだ」は形容詞や形容動詞には、その語幹《ごかん》に接続する。また、下には「映画」という名詞がつくので連体形になる。

②可能の助動詞には「れる」と「られる」があるが、「食べる」は下一段活用の動詞であるから、「れる」ではなく「られる」がつく。**「食べれる」は文法的には間違《まちが》った言い方**である。

③使役《しえき》の助動詞には「せる」と「させる」があるが、「登る」という五段活用の動詞につくのは、「せる」の方である。また、すぐ下に「ない」がつくので、未然形である。

④伝聞《でんぶん》の助動詞は「そうだ」である。伝聞の「そうだ」は終止形に接続するので、「行くそうだ」となる。

⑤過去を表す助動詞は「た」。「不気味だった」となる。

⑥意志の助動詞は、「う」か「よう」である。五段活用の「働く」につくのは、「よう」ではなく「う」であるという約束がある。ここは「働こう」となる。

2 **①エ　②イ　③エ　④ウ　⑤イ**

考え方 ①問題文は推定の意味の助動詞「ようだ」の連用形。「どうやら」「どうも」と結びつけることができる。ア・ウは「例えば」と結びつくので例示。イは「まるで」と結びつくのでたとえ。エは例文と同様「どうも」と結びつく。

②問題文の「た」は「洗ってある」と言いかえられるので、存続《そんぞく》の意味である。アは「その時」とあるので、過去。イは例文と同じで、存続。「乾《かわ》いている」と言いかえられる。ウは完了《かんりょう》。エは過去。

③問題文の「そうだ」は動詞（可能動詞）「帰れる」の連用形に接続しているので、様態。ア・イ・ウはそれぞれ終止形に接続しているので、伝聞の意味である。エは形容詞「優《やさ》しい」の語幹に接続している。**様態の「そうだ」は、動詞の連用形のほか、形容詞・形容動詞の語幹に接続すること**を確認しておこう。

④問題文の「られる」は、「投げることができる」と言いかえられるので、可能の意味。同様にウも「開けることができる」と言いかえられる。アは受け身。イは動作をする側、される側がともに省略されているが、「（私がだれかに）褒《ほ》められて」と考えられるので、受け身。エは自発《じはつ》。

⑤問題文の「まい」は「ないつもりだ」と言いかえられるので、打ち消しの意志。イと同じである。ア・ウ・エは、「ないだろう」と言いかえられるので、打ち消しの推量。

3

①連体形・ク　②命令形・キ　③終止形・ウ
④終止形・カ　⑤連用形・ケ　⑥連用形・オ
⑦終止形・エ　⑧仮定形・コ　⑨連体形・ア

考え方　**文脈から意味をとらえて判断し、紛《まぎ》らわしいものについては見分け方を思い出して考える。また、特殊《とくしゅ》な活用をする助動詞の活用は、しっかり覚えておこう。**

②丁寧の「ます」の命令形。「ませぬ（ん）」と「ぬ（ん）」が続くときは未然形である。命令形には「まし」もある。

④動詞の連用形に接続しているから、様態の助動詞である。

⑥動作をする側＝風、される側＝花びら、という関係を押《お》さえる。下に「て」が続くので、連用形。

⑧打ち消しの助動詞「ぬ」の仮定形。**特殊な活用なので注意。**

⑨過去の助動詞「た」の連体形。

4

①ア・B　②ア・A　③イ・C　④ウ・B

考え方　**助動詞と紛らわしい語を見分ける問題。**見分け方をしっかり確認しておこう。

①「らしい」の前に、「である」が入るか入らないかで考えてみる。アだけが「〜にふさわしい」の意味をもつので、形容詞の一部を形成する接尾《せつび》語である。

②アは動詞「倒《たお》れる」の連用形「倒れ」の一部。「れ」が助動詞だとすると、語幹「倒」に接続していることになり、おかしくなる。イ・ウはともに受け身、エは尊敬の意味の助動詞である。

③いずれも「名詞＋だ」の形のものだが、イだけが「慎重《しんちょう》な」と活用するので、一語の形容動詞「慎重だ」の活用語尾とわかる。これ以外はすべて、名詞に接続している断定の助動詞「だ」である。

④「ぬ」で言いかえられるかどうか考えてみる。イの「しない」はサ行変格活用の動詞なので、「せぬ」と言いかえることになるが、ウ以外はすべて言いかえられるので助動詞である。ウの「さりげない」は全体で一つの形容詞である。

5

①ア…例示　イ…たとえ　②ア…断定　イ…存続

③ア…推量　イ…意志　④ア…受け身　イ…尊敬
⑤ア…存続　イ…過去　⑥ア…推量　イ…意志

考え方 **助動詞の意味の違いを見分ける問題**。今まで練習してきたものばかりなので、大して迷わずにできるはずである。

①**ア**は「例えば彼《かれ》のような」と結びつくので、例示の意味となる。**イ**は「まるで風のように」と結びつくので、たとえの意味。

②**イ**は動詞「なじむ」の音便形「なじん」に接続していることから、助動詞の「た」が濁《にご》ったものと見抜《みぬ》く。意味は「なじんでいる」と言いかえられるので、存続である。

③**ア**は「起きるだろう」と言いかえられ、未来のことを推《お》しはかっているので推量。

④**イ**は「その方」に対する敬意を表している。

⑤**ア**は「白く塗《ぬ》ってある壁《かべ》」と言いかえられるので存続。**イ**は「昨日」という語から過去とわかる。

⑥**ア**は、「五キロはあるだろう」と言いかえられるので推量。

6 **ア…形容詞の一部　イ…打ち消し　ウ…形容詞　エ…過去**
オ…受け身　カ…たとえ　キ…推定　ク…形容動詞の一部
ケ…意志

考え方 **助動詞の三要素、意味・活用・接続は練習を積んで確実にマスターしておこう**。そうすれば、少々の難問でもほとんどこなせるようになる。

①の**ア**は形容詞「ぎこちない」の一部。**イ**は「ぬ」で言いかえられる打ち消しの助動詞。**ウ**は「ない」の直前に「は」があり、文節が切れているので形容詞である。

②の**エ**は「前の年に」という言葉から過去とわかる。**オ**は「渡《わた》す人＝父」「渡される人＝弟」なので受け身。

③の**カ**は「まるで独り言のように」と結びつくのでたとえ。**キ**の「らしい」には推定の意味しかない。

④の**ク**は形容動詞「頑固《がんこ》だ」の一部。「頑固な」という連体形があることから判断する。**ケ**は意志の助動詞。

チェックテスト12

1 **①シ・エ　②ア・ケ　③イ・サ**
④カ・ク　⑤キ・ウ

考え方 尊敬語と謙譲《けんじょう》語は、はっきりと区別して覚えておくようにしよう。

①〜⑤の動詞は基本中の基本。あやふやな場合は、本冊p.110下段の表でしっかり覚えておこう。

なお、解答以外のオの「あげる」は「やる」の**謙譲語**、コの「くださる」は「くれる」の**尊敬語**、スの「存じる」は「思う」「知る」の**謙譲語**である。

2 **①A　②C　③B　④A　⑤A　⑥C**

考え方 敬語になっている動作や物事が、**相手のことなのか自分のことなのかを見分ける**。

①「連絡《れんらく》」は相手の人物からのものなので尊敬語。

②ここで「お菓子《かし》」は「菓子」としてもよいが、話しぶりを丁寧《ていねい》にするために「お」をつけている。

③「いただく」という動作をするのは「近所の方」ではなく自分。「いただく」は「もらう」の謙譲語である。
④⑤「おいでになる」、「ご存じである」のは相手なのか自分なのか。
⑥自分のことを表現するときに、丁寧な言い方をしている。

3 **①ア　②ア　③イ**

考え方 ①アは、「相手の注文を聞く」という、自分の動作を表すので謙譲語である。イ～エはすべて、相手の動作に敬意を示す尊敬語である。
②アの「**くださる**」は**尊敬の補助動詞**である。「遊ぶ」という動作をする相手の行為《こうい》に敬意を示す。イ～エは、すべて自分の行為に対して用いられている、謙譲の補助動詞。
③「**お～なさる**」「**おっしゃる**」「**くださる**」は**尊敬**の意を表す。イは、「お帰りになる」は尊敬語であるが、「でしょう」は「お帰りになる」人への敬意ではなく、話しぶりを丁寧にするための助動詞「です」の未然形「でしょ」＋「う」である。

4 **①召《め》しあがった(食べられた)　②いらっしゃる(来られる)**
③おっしゃった(言われた)　④くださった
⑤ご心配なさる　⑥いらっしゃる

考え方 **尊敬動詞として決まった言い方があるものは覚えてしまう。**
①～④「食べる」「来る」「言う」「くれる」の尊敬語はそれぞれ、「召しあがる」「いらっしゃる」「おっしゃる」「くださる」。
⑤「心配する」には、①～④のような特定の言い方はない。よって「**お(ご)～なさる**」という形にする。

⑥「いる」の尊敬語は「いらっしゃる」であった。「いらっしゃる」は「いる」のほかに、「行く」「来る」の尊敬語としても使われる。

5 **①いただく　②いただく　③申しあげる／申す**
④さしあげる／あげる　⑤ご報告する

考え方 謙譲動詞も、尊敬動詞とともに覚えてしまうとよい。
①「もらう」の謙譲動詞は「いただく」である。
②「食べる」の謙譲動詞は「いただく」。食べる前に「いただきます」と言うことからもわかるだろう。
③敬意を示したい相手に何かを「言う」ときには「申す」「申しあげる」を使う。
④「やる」の謙譲動詞は「あげる」「さしあげる」。
⑤「報告する」には特定の謙譲動詞はないので、「報告」に「ご」をつけることで謙譲の意を表す。
なお、「ご報告」を、「**先生にご報告する**」と使えば**謙譲**の意となり、「**先生がご報告なさる**」と使えば**尊敬**の意となる。

6 **①家内　②せがれ(愚息《ぐそく》)　③わたくし(手前)**

考え方 自分の側の人物を指すときの表現も覚えておくとよい。

7 **①なります　②あります(ございます)**
③いらっしゃいます
④ありません(ないです・ございません)
⑤でかけましょう(おでかけしましょう)

考え方 **丁寧語は、尊敬語や謙譲語と重ねて使われることも多い。**「です」「ます」や「ございます」を適切に使えるようにしよう。

8 ①**ク**　②**ア**　③**カ**　④**オ**　⑤**キ**　⑥**ウ**

考え方 ①「教えてくれる」のは先生であるから、「くれる」の尊敬語を選ぶ。

②「話を聞く」のは「お年寄り」ではなく、「私(たち)」であるので謙譲《けんじょう》語にする。

③「いる」のが「どなた」かを聞いているので「どなた」にあたる人に敬意を示す。

④「作品を見る」のは先生。

⑤お医者様が「言う」ことをよく聞くのだから、尊敬語「おっしゃる」を入れる。

⑥お土産《みやげ》を相手に手渡《てわた》すのは自分の行為《こうい》であるから、謙譲語「さしあげる」を使う。

9 ①**おっしゃる**　②**召しあがって**　③**いらっしゃった(来られた)**　④**いただいた**

考え方 ①校長先生が、校長先生から見ても目上の人に、何か「言う」ときは「申す」を使う場合もあるが、生徒に「言う」場面なので、校長先生の動作には尊敬語を用いる。

②先生に敬意を示して「召しあがる」を使う。

③「来る」の尊敬語は「いらっしゃる」だが、尊敬の助動詞「られる」を使って「来られる」としてもよい。

④「もらう」のは「私」なので、謙譲語「いただく」を使う。

10 ①**存じていますよ(存じあげていますよ)・イ**
②**おっしゃってください・エ**
③**会う・ウ**
④**なさっては困ります・ア**
⑤**お読みになりましたか(読まれましたか)・オ**

考え方 ①これは、「うちの父」が「あなたのお父様」をよく「知っているよ」という意味の文である。**主語は自分の身内の者であるから「知っているよ」という部分は謙譲語にするべきである。**ところが原文は「ご存じですよ」となっている。「ご存じ」は尊敬語。謙譲語の「存じる」「存じあげる」を使って書き直そう。それに伴《ともな》って「です」も「ます」に変わってくる。

②「ご覧になる」「お感じになる」と、続けて尊敬語を使った相手に対し、「言ってくれ」とぞんざいな言葉で頼《たの》むのはよくない。「おっしゃってください」と尊敬語を使おう。

③「お会いする」は「会う」の謙譲語で、「会う」相手に対する敬意を表すことになる。ここは「孫」なので、敬語は必要ない相手である。

④「いたす」は「する」の謙譲語であるから、尊敬すべき「先生」に対して使うのは誤り。「なさる」という尊敬語を使うべきである。

⑤「お読みになられましたか」という表現をよく見ると、**「お読みになる」という尊敬語と、「れる」という尊敬の助動詞とが重なっている。必要以上の敬語はかえって失礼にあたる**ので、「お読みになりましたか」または「読まれましたか」と書き直すべきである。

11 ①**イ**　②**ウ**　③**エ**

考え方 ①「親戚《しんせき》のおじさん」も身内ではあるが、ここでは、その「親戚のおじさん」と比べて、より身近な「父」に尊敬語を使うのは不適切。よって、父のことを「お父さん」と呼んでいるアは間違《まちが》い。ウ・エはそれぞれ「いらっしゃる」「おっしゃる」と、父の動作に尊敬語を使っているので不適切。
②「言う」の尊敬語は「おっしゃる」である。アは謙譲語「申す」を使っているので不適切。イは、陽子《ようこ》さんの動作である「忘れる」が尊敬語になっている。エは、「話す」に敬語が使われていない。
③もっとも適切なのはエ。そのほか、適切な例として「召しあがってください」といった表現もある。アは敬語を使っていない。イ・ウは、敬語を重ねすぎてかえって失礼な表現になった例。

ファイナルチェック①

❶
問一 7
問二 エ
問三 イ
問四 イ
問五 ウ
問六 ア

考え方 **問一** **文節分けの問題は、「二〇〇八年にネ」のように「ネ」や「サ」を入れて分けていく。**
「二〇〇八年に／登場した／「琉神《りゅうじん》マブヤー」は、／沖縄《おきなわ》の／正義を／守る／ヒーローだ。」
のように文節は七つある。「琉神マブヤー」は固有名詞なので、〈「琉神マブヤー」は〉で一文節となる。
問二 単語は、意味的に見てこれ以上細かく切れない単位である。「待っ（動詞）／て（助詞）／い（動詞）／た（助動詞）」の部分に注意しよう。
問三 **形容詞に「さ」や「み」がついて名詞になった言葉を識別する問題**である。問題文の「親しみ」とイの「悔《くや》しさ」の二つがそれである。ア「大きな」は連体詞、ウ「少しも」は副詞、エ「喜ばしく」は形容詞である。
問四 **固有名詞と普通《ふつう》名詞とを識別する問題**である。「枕草子《まくらのそうし》」「醍《だい》醐《ご》天皇」「京都」は、それぞれ書名・人名・地名を表す固有名詞である。「和歌」は普通名詞である。
問五 活用形を順に見ていこう。ア動詞「ある」の連用形。イ動詞「歩む」の連用形で、撥音便《はつおんびん》の形となっている。ウ直後に「こと」があるので、動詞「思う」の連体形。エ動詞「なる」の連用形で、促《そく》音便となっている。
問六 **活用の種類の見分け方は、まず「来る」「する」の動詞に注目する**。イの「する」はサ行変格活用。あとは、**それぞれの動詞に「ナイ」をつけてみる**。問題文の「思い起こさナイ」とア「歩かナイ」はすぐ上がア段の音だから五段活用、ウ「信じナイ」はすぐ上がイ段の音だから上一段活用、エ「答えナイ」はすぐ上がエ段の音だから下一段活用である。

❷
問一 ウ
問二 イ
問三 a…ア　b…ウ
問四 イ
問五 イ

考え方 **問一** **助動詞「れる」には、受け身・可能・自発・尊敬の四つの意味がある**。問題文の「縛《しば》られる」は他から動作を受けることを表すので**受け身**である。
同様に受け身を表すのは「招かれる」のウである。アは、動作が自然に起こる意味を表す自発。イは「隣《となり》のおじいさん」に、エは「先生」に敬意を表しており、尊敬である。

問二 問題文の「で」は**「のために」「が原因で」**のような意味で、**理由を表す格助詞**である。「暖かさが原因で、桜のつぼみがふくらんできた」というイが同じ意味・用法となり、これが正解。アは形容動詞「静かだ」の連用形の活用語尾《ごび》、ウは断定を表す助動詞「だ」の連用形、エは接続助詞である。

問三 aの「より」は**比較《ひかく》の基準を示す格助詞**である。選択肢《せんたくし》の中で格助詞は、アの共同の相手を示す「と」である。
bは後に続く「高い」がどの程度であるかを表す**副詞**であるから、ウの「ひたすら」が正解。
他の選択肢はそれぞれ、イ「あの」は連体詞、エ「ため」は名詞、オ「ない」は打ち消しの助動詞である。

問四 問題文の「ながら」は、**二つの動作が同時に起こる**意味で使われている。「散歩する」と「お話しする」を同時に行う意味で使われているイと同じ意味・用法となる。アとエは、「〜にもかかわらず」という確定の逆接の用法。ウは、「〜のまま」の意味あいで、「昔」につく接尾語《せつび》である。

問五 「もう」は、**程度を表す副詞**であり、ここでは時間の程度をすでに越《こ》えてしまっていることを意味する。よって「もう」どうなっているのかと考えると、「(償《つぐな》いが)できない」のである。

❸
(1) いただいた
(2) 伺《うかが》いたい

考え方 (1)(2)とも、**手紙の書き手が相手を敬う気持ちを表すべきところなので、自分の動作を表現する場合は謙譲《けんじょう》語で表現する。**「もらう」の謙譲語は「いただく」、「聞く」の謙譲語は「伺う」である。

ファイナルチェック②

❶
問一 イ
問二 ①オ ②イ ③ア ④キ ⑤ウ
問三 エ
問四 イ
問五 いなかったら

考え方 **問一** **文節分けの問題**は、「回数券はネ」のように「ネ」や「サ」**を入れて分けていく。**「ずつ」は助詞なので、「一枚ずつ」で一文節となるが、「いく」は動詞(補助動詞)なので、「減って」と「いく」でそれぞれ一文節となる。

問二 ①この「が」は、名詞「彼《かれ》」につき、「彼が」の文節が主語であることを示す働きをもつ**格助詞**である。
②「既《すで》に」は、バスが「出発してしまっていた」ことをさらにくわしく説明する語で、**副詞**である。
③「少ない」は、「荷物」の状態を表す語で、単独で述語になっている**形容詞**。
④「書く」という動作が過去の出来事であることを表す**助動詞**。
⑤「春の田んぼ」の状態を表し、言い切りの形が「のどかだ」

となるので、**形容動詞**である。

問三　問題文の「痛かっ」は**形容詞「痛い」の連用形**である。選択肢に含《ふく》まれる品詞をみると、**ア**は名詞、**イ**は動詞「痛む」の未然形、**ウ**は動詞「痛がる」の終止形、**エ**は形容詞「痛い」の仮定形である。したがって、正解は**エ**。

問四　問題文の動詞「染まる」は、「ナイ」をつけると「染まらナイ」となり、「ナイ」のすぐ上がア段の音なので**五段活用の動詞**である。選択肢の文に含まれる動詞は、**ア**「し」はサ行変格活用の「する」の連用形、**イ**「読む」は、五段活用の「読む」の連体形、**ウ**「用いれ」は、上一段活用の「用いる」の仮定形、**エ**「乗せる」は、下一段活用の「乗せる」の連体形。したがって、正解は**イ**。

問五　「**もし**」は、**仮定を表す呼応の副詞**である。実際には「彼はいた」のだが「あの時彼がいなかった」と仮定すると……という文意であるから「いなかったら」の部分を修飾《しゅうしょく》していると考える。

「**一文節でそのまま**」**という指示があるので**、「**たら**」**という助詞もつけて答えること。**

❷ **問一　イ**
問二　イ
問三　エ

考え方　**問一**　「ない」には、**形容詞と助動詞**がある。

①「ない」を「ぬ」「ず」で言いかえられるなら＝**助動詞**
言いかえられないなら＝**形容詞**

②「ない」の直前に「は」「も」が入れられるなら＝**形容詞**
入れられないなら＝**助動詞**

これが見分け方だが、どちらかわかりやすい方を使えばよい。

問題文の「何もない」とイの「練習がない」の「ない」は、ともに「ぬ」「ず」で言いかえられないので形容詞。もの・事柄《ことがら》の有無《うむ》を表す。

アの「しない」は、直前に「は」「も」が入れられないので助動詞。ウの「ならない」は「ならぬ」と言いかえられるので助動詞。**エ**も「変わらない」を「変わらぬ」と言いかえられるので助動詞となる。

問二　「**そうだ**」**はすぐ上にくる語の活用形の違《ちが》いによって、意味を見分けることができる。直前の語が動詞の連用形・形容詞や形容動詞の語幹《ごかん》であれば「様態」、用言の終止形であれば「伝聞」**である。

問題文の「悲しそうだ」の「悲し」は形容詞「悲しい」の語幹なので、直後の「そうだ」は**様態**を表す。

選択肢の中では、イの「そうだ」の直前が、動詞の連用形なので、これが「様態」となる。他の選択肢はすべて「そうだ」の直前が終止形の語であり「伝聞」を表す。

問三　問題文中の「に」は**格助詞**で、**場所**を表している。**エ**の「に」も格助詞である。**ア**は助動詞「そうだ」の連用形「そうに」の一部。**イ**は副詞「すでに」の一部。**ウ**は形容動詞「きれいだ」の連用形「きれいに」の活用語尾。

❸ **a…ア　b…イ**

考え方　問題文中のaの「の」は「建物うつりがよい」のように「が」で言いかえられるので、**主語を表す働き**のもの。

bの「の」は「おさめることも」のように「こと」で言いかえられるので、**体言と同じ資格にするもの**である。

アは「彼《かれ》が食べた」と言いかえられるので、主語を表す。イは「食べたものは」と言いかえられるので、体言と同じ資格をもつ。ウは連体修飾《しゅうしょく》の働きをする助詞。エは「その」で一語の連体詞である。

❹ ア

考え方 問題文の「られる」を考える。「結構」という言葉が、だれかによって「用いられる」という意味であるので、この「られる」は**受け身の助動詞**である。

選択肢《せんたくし》で受け身を表すのは、「旧友に」という受け身の相手が示されているア。イは草花を見ることができるという意味なので、可能。ウは春の気配が自然と感じられるという意味なので、自発。エは先生への敬意を表す、尊敬である。

❺ 聞くということだ(聞くことだ)

考え方 問題文では、**主部「何は」→述部「どうする」**の形になってしまっているが、この場合、**主部の「ことは」に対応して、述部**は「何だ」にならなければならない。「聞くことだ」でも可。

ファイナルチェック③

❶ 問一 **与える・動詞**

問二 **イ**

問三 **エ**

問四 **イ**

問五 **エ**

問六 **ウ**

考え方 問一 問題部分を単語に分けると、「自然／に／大きな／変動／を／与える／こと／は／なかっ／た／ように」となる。したがって、六番目の単語は**「与える」**で、**下一段活用動詞「与える」の連体形**である。

問二 「この」は「変化」を修飾する**連体詞**。選択肢の中で体言を修飾するのは**イ**の「ある」で、「深さ」に係っている。**ア**「そう」、**エ**「ただ」は、用言に係る連用修飾語で、副詞である。**ウ**の「そこ」は場所を示す代名詞である。

問三 「うれしい」は言い切りの形が「い」であり、物事の状態を表す**形容詞**である。ここでは後に続く「知らせ」に係っているので**連体形**となる。

選択肢の中で、**エ**の「元気な」は直後の「声」に係っており、形容動詞「元気だ」の連体形である。**ア**「暑い」は形容詞の終止形。**イ**は形容動詞「にぎやかだ」の終止形。**ウ**は動詞「描《か》く」の連用形である。

問四 「答える」は、「答／え／え／える／える／えれ／えろ(えよ)」と活用する**下一段活用動詞**である。――線部の「答え」のあとには、接続助詞「て」が続くので、連用形となっている。

問五 助詞「ばかり」には、**程度を表すもの、限定を表すもの、動作が完了《かんりょう》してまもないことを表すもの、それだけが原因や理由であることを表すものなどがある。**

問題文の「ものばかりである」の「ばかり」はそれと限る意味

(限定)を表す。
　アは「うたた寝《ね》をする」という動作を、風邪《かぜ》を引いたことの原因として示している。イは「一時間ほど」とも言いかえられ、程度を表す。ウは読み終わってまもないことを示す。よって、聞こえてくるものをせみの声に限定したエが正解となる。

問六　「で」が一単語なのか、単語の一部なのかに注意したい。
　問題文の「で」の直前を見ると「静か」で、この語の終止形は「静かだ」である。したがって、この「で」は、**形容動詞「静かだ」の連用形「静かで」の活用語尾《ごび》**である。同じ形容動詞の活用語尾はウの「(親切)で」である。ア・イ・エはどれも体言に接続する助詞。

❷　問一　副詞
問二　エ

考え方　**問一**　「ふと」は、「不意に」といった意味で、動作の状態をくわしく表す働きをもつ**副詞**である。
問二　「**ふと**行《おこな》ったのはどのような動作なのか?」と考えると係っていく文節がわかるだろう。

❸　エ

考え方　「ある」には、**連体詞と動詞がある**。ア・イ・ウの「ある」は、はっきりしない物事を指していう言葉で、連体修飾語となっている。これは連体詞の「ある」である。エの「ある」は、「いま存在する」という意味内容になり、動詞である。

❹　イ

考え方　「ない」には、**形容詞と助動詞がある**。形容詞は、物事が「存在しない」という状態を表すもので、助動詞は、動詞の未然形につき、その意味を打ち消す働きをする。
「**見分け方**」としては、次の二つ。
①　**「ない」を「ぬ」「ず」で言いかえられるなら＝助動詞**
　言いかえられないなら＝形容詞
②　**「ない」の直前に「は」「も」が入れられるなら＝形容詞**
　入れられないなら＝助動詞
ここでは、「ず」で言いかえてみると、ア「考えられず」、イ「こだわることはず」、ウ「配らず」、エ「さぐれず」となるので、イだけ形容詞であるとわかる。

❺　ご自宅にいらっしゃる時に、遊びに伺《うかが》うつもりです。

考え方　――線部内の動詞「いる」と「行く」について考える。「ご自宅にいる」のは先生であるから、尊敬語の「いらっしゃる」に改める。また、「遊びに行く」のは正夫《まさお》さんだから謙譲語《けんじょう》の「伺う」に改める。

③